子どもの育ちと
実習日誌・指導計画

神永直美

萌文書林
Houbunshorin

はじめに

　私がかつて勤務していた園では、毎年のように実習生を受け入れていました。実習生の日誌を読むのは時間がかかり大変ではあるのですが、私はそれがけっこう楽しみでした。なぜなら、その日私が捉えきれなかった子どもの様子を知ることができたからです。子どもが何かを発見していたことや挑戦していたこと、子ども同士の会話など、思わず笑ってしまったりドキッとしたりしながら読み進めた覚えがあります。それは私自身の子ども理解にも役立ちました。

　当時、実習生には、子どもの言葉や行動でおもしろいと思った部分を捉えて書くようにと指導をしていました。そのため、実習の初めのころは子どもの様子が捉えやすいように、一つの遊びに入って観察することを課題にもしていました。そしてクラスの様子がわかってきたころに、指導計画を立て保育を行う日を設けていました。

　しかし、保育者養成校で実習生を送り出す立場になってみると、実習先や養成校によっては一回の実習の日数が短いこともあり、そんなに悠長な実習ばかりではないということがわかりました。学生に「本当は子どもの様子をきちんと捉えてから指導計画を書くのだけれども、実際には時間がないから前もって書いておくように」と言わざるをえない状況だったのです。それでも学生には、子どもの遊びや生活の様子に最大限の関心をもち、子どもの育ちを捉え、子どもの世界のおもしろさを感じながら実習してほしいと願ってきました。

　そのようなときに、ある教科書に掲載されている子どもの遊びの写真をもとに学生と対話をしながら、子どもの思いを想像したり遊びの背景を考えたりするというフォトランゲージのワークショップを始めました。最初は子どもの姿をどのように捉え、表現すればいいかわからないと訴えていた学生たちですが、写真からの情報をもとに真剣に想像（学生の言葉で言うと妄想）し、話し合い、遊びの背景や保育者の配慮点を探ることを繰り返すうちに、少しずつ子どもの姿を読み取るおもしろさを感じ取っていきました。

　これは、学生が主体的に学習に参加し、思考を活性化するアクティブ・ラーニングの一つの学習形態です。その手法を生かして作成したのが本書です。

　本書を通して、子どもの育ちを読み解いていく過程のおもしろさや、それをもとに実習日誌を書いたり指導計画を立案したりする必要性を実感していただくことができれば、そして実習の一助になれば幸いです。

フォトランゲージで学ぶ
子どもの育ちと実習日誌・指導計画

Contents

はじめに ……………………………………… 2
この本の使い方 ……………………………… 6
実習日誌をのぞいてみよう ………………… 8
指導計画をのぞいてみよう ………………… 10

Part 1　実習日誌を書くということ

書くことは考えること ……………………… 14
すべては観察から …………………………… 16
内面を見る目 ………………………………… 17
遊びを見る目 ………………………………… 19
個と集団の関係を読み取る目 ……………… 20
保育者の意図を探る目 ……………………… 22
環境の意味を探る目 ………………………… 23

Part 2　フォトランゲージで読み解く子どもの生活

【0歳児】
0歳児の育ち …………………………………26
0歳児の生活
　登園 ………………………………………… 28
　人見知り …………………………………… 29
　おむつ替え ………………………………… 30
　握り玩具遊び ……………………………… 31
　授乳 ………………………………………… 32
　はいはい …………………………………… 33
全日指導計画 ………………………………… 34
個別的な計画 ………………………………… 35
部分指導計画 ………………………………… 36
練習してみよう ……………………………… 38
Column 環境の意味を探ろう ……………… 39

Contents

【1歳児】
- **1歳児の育ち** ……… 40
- **1歳児の生活**
  - 保育者との触れ合い ……… 42
  - 一人遊び ……… 43
  - 運動遊び ……… 44
  - 手洗い ……… 45
  - 食事 ……… 46
  - 睡眠 ……… 47
- 全日指導計画 ……… 48
- 個別的な計画 ……… 49
- 部分指導計画 ……… 50
- 練習してみよう ……… 52
- **Column** 実習日誌は「適切な言葉」で ……… 53

【2歳児】
- **2歳児の育ち** ……… 54
- **2歳児の生活**
  - 登ったり降りたり ……… 56
  - 砂場でのやり取り ……… 57
  - 着脱 ……… 58
  - 見立て・つもり遊び ……… 59
  - 順番 ……… 60
  - 絵本 ……… 61
- 全日指導計画 ……… 62
- 個別的な計画 ……… 63
- 部分指導計画 ……… 64
- 練習してみよう ……… 66
- **Column** 子どもの言葉 ……… 67

【3歳児】
- **3歳児の育ち** ……… 68
- **3歳児の生活**
  - 水族館ごっこ ……… 70
  - ままごと ……… 71
  - 製作コーナー ……… 72
  - カエル見つけた ……… 73
  - カエルになってピョンピョン ……… 74
  - 食事の用意 ……… 75
- 全日指導計画 ……… 76
- 部分指導計画 ……… 78
- 練習してみよう ……… 80
- **Column** 遊びの読み取り ……… 81

【4歳児】
- **4歳児の育ち** ……… 82
- **4歳児の生活**
  - ままごと ……… 84
  - ドーナツ屋さんごっこ ……… 85
  - 車作り ……… 86
  - ドッジボール ……… 87
  - 片づけ ……… 88
  - みんなで一緒の遊び ……… 89
- 全日指導計画 ……… 90
- 部分指導計画 ……… 92
- 練習してみよう ……… 94
- **Column** 同じ「パン屋さんごっこ」でも ……… 95

【5歳児】

5歳児の育ち ……………………………………… 96

5歳児の生活
　ヒーローショーごっこ ………………………… 98
　プリンセスミュージカルごっこ ……………… 99
　竹馬乗り ……………………………………… 100
　自然とのかかわりのなかで ………………… 101
　当番活動 ……………………………………… 102
　降園前の担任とのひととき ………………… 103

全日指導計画 …………………………………… 104
部分指導計画 …………………………………… 106
練習してみよう ………………………………… 108

Column
「好きな遊び」と「みんな一緒の活動」 ……… 109

【異年齢児】

異年齢児保育の一年 …………………………… 110

異年齢児がかかわる場面
　早朝の保育 …………………………………… 112
　お店屋さんとお客さん ……………………… 113
　5歳児の梅ジュース ………………………… 114
　異年齢の保育室へ移動 ……………………… 115
　虫取り ………………………………………… 116
　砂遊び ………………………………………… 117

全日指導計画 …………………………………… 118
部分指導計画 …………………………………… 120
練習してみよう ………………………………… 122

Column 認定こども園の午後の生活 …………… 123
Column 学び続ける保育者をめざして ………… 124

Part3 子ども理解を深める指導計画

保育のあり方と指導計画 ………………………… 126
指導計画はなぜ必要か …………………………… 126
指導計画作成の手順 ……………………………… 127
指導計画チェック表 ……………………………… 130
生活の流れに沿った援助チェック表 …………… 134
実習日誌チェック表 ……………………………… 136
全体を通してのチェック表 ……………………… 140
実習日誌や指導計画でよく使う言葉 …………… 141

引用・参考文献 …………………………………… 142
おわりに …………………………………………… 143

この本の使い方

　本書は、下の図のような保育における循環（子どもの育ちを捉え、指導計画を作成し、保育実践のなかでまた見直していく）を意識して作成しています。実習のなかでこれらのつながりを体験し、保育の大切な営みを学んでほしいという願いからです。

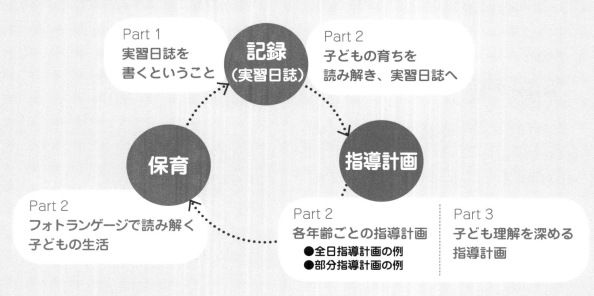

Part 1　実習日誌を書くということ
　実習日誌を書くことの意味や、子どもの育ちを捉えるときのポイントについて基礎的な考え方が書いてあります。Part2の内容をより深く理解できるようになります。

Part2　フォトランゲージで読み解く子どもの生活

子どもの育ちの読み取りと実習日誌

　各年齢の写真を見て、そこから得られた情報をもとに子どもの育ちを読み解いていく過程が示してあります。それぞれの場面ごとに、問いとどのように考えればよいのかのヒントや例が示してあります。それらを参考にして多様な視点から考え、話したり書いたりしてみてください。

　その下には、「実習日誌に書くとしたら」の記述例があります。自分はどのように書くか考えてみてください。

〈フォトランゲージとは〉
①写真を見てわかったことや疑問点を出し合い、その背景などを考えます。
②複数で話し合い、多様な捉え方や考え方に触れます。
③捉えたことをまとめ、文章にします。

ほかの人の考えに
耳を傾けましょう

実習日誌に書くと
すれば……
●時系列
●エピソード

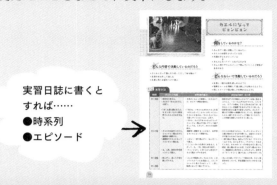

子どもの育ちをもとにした指導計画

子どもの育ちを捉えたうえで、次の日の指導計画（一日の指導計画と部分指導計画）を作成することを想定し、例が示してあります。子どもの遊びの様子や育ちを意識して、指導計画を立ててみましょう。

部分指導計画

各年齢（0歳児から5歳児）と異年齢児の
一日の生活・遊び

読み解いた子どもの育ちをもとにして
指導計画を作成

リンク

全日（一日の）指導計画

●時系列（縦型）
0・1・2歳児

●環境図を入れて（横型）
3・4・5歳児

各年齢6場面でフォトランゲージ

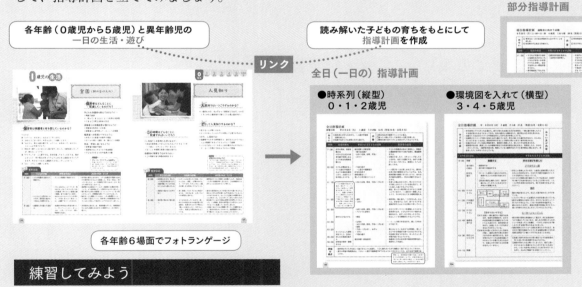

練習してみよう

子どもの育ちをどう読み取るかの練習です。自分で問いをつくったり、ほかの人と話し合ったりして練習してみましょう。写真の場面をどう文章にするかという課題にも挑戦してみてください。

Part 3　子ども理解を深める指導計画

子どもの育ちを捉えたうえで指導計画をどのように作成するのかを、短期の指導計画（一日の指導計画）を中心に解説してあります。チェック表も載せてありますので、参考にして作成してください。

実習日誌をのぞいてみよう

　実習日誌は、その日の実習が終わった後に子どもの活動や環境の構成、保育者の援助や自分の動きなどを振り返り、保育について考えるための大切な記録です。毎日、積み重ねていくことで、様々なことを学びます。

実習日誌の内容
　養成校によって多少様式の違いはありますが、学習の内容は同じです。
- 実習園の概要（施設名、施設長名、所在地、指導者名、園児数、職員構成、園の方針、園の環境など）
- オリエンテーションの記録
- 毎日の記録（実習の目標、観察記録、感想・考察）
- 部分実習の指導計画
- 全日実習（一日実習）の指導計画
- 実習後の感想（総合所感）

【実習園の概要】
　実習園についての情報は、あらかじめホームページやリーフレットなどで調べておきます。わからないことがあったら、事前オリエンテーションで質問できるように準備しておきましょう。実習が始まるときには、すべてを記入しておくように心がけてください。

施設名	○○法人 ○○○認定こども園 **正式名称を書きます**	施設長	○○○○先生
所在地	〒 **正確に**	指導者名	○○○○先生

- 園児数
- 職員構成
- 園の方針
- 園の環境

きちんと調べて実習前に書き込みましょう

【実習日誌記入のポイント】

　実習の前半は生活の流れや子どもたちの毎日の活動などを理解するために、すべての活動を丁寧に書くことも必要ですが、徐々に「実習のねらい」を意識して、どの場面を中心に記入するか考えていきましょう。下のように、時系列に沿って記録する方法のほかに、印象に残った場面を中心に記録する方法（エピソード記録）もあります。

月　　日　　曜日　　天候	歳児　　　　組　　　出席　　名　欠席　名
実習のねらい	＊前日の反省を踏まえて目標を立てます ＊目標を意識して、保育を観察、参加、実践し、振り返ります ＊実習の内容に応じて目標も変化していきます

時間	環境の構成	子どもの活動	保育者の援助	実習生の動き・気づき
	図を使用してわかりやすく書きます ● 環境の再構成 ● 安全や健康への配慮 ● 保育者の位置	子どもの動きや行動などを生活の流れ（デイリープログラム）に沿って記入します ● 遊び ● 生活習慣 ● みんな一緒の活動	ねらい・内容につながるように ● 動き（視線なども含めて） ● 言葉がけ ● 援助 ● 環境の構成	自分の動きや言葉がけの振り返りや、保育者や子どもの様子を観察して気づいたこと、考えたことを子どもの活動に沿って記入します ● 保育への参加 ● 保育者の補助 ● 保育者の援助の気づき ● 子どもの活動の気づき ● 環境構成への気づき

反省・感想

一日を振り返って、気づいたことや反省を記入します
- 印象に残った場面
- 子どもの言動から感じたこと、考えたこと
- 環境の構成や保育者の援助の様子から気づいたこと、学んだこと

部分実習や一日実習を行ったときには、その振り返りを記入します
- 評価の観点に応じて
- 予想していた姿と実際の姿とのずれ（理由を探って）

指導者の助言

担当の先生に書いていただきます。よく読んで、その後の実習に生かしていくことが大切です。最後のまとめのときに読み返して実習全体を振り返りましょう

指導計画をのぞいてみよう

実習の後半になると、保育のある部分を任される部分実習や、一日を任される全日実習（一日実習、総合実習）があります。

そのときには、それに応じた指導計画を作成します。園によって様式が異なることもありますが、書く内容や作成の考え方は同じです。

【環境図を中心にした指導計画】

○月○日（×曜日）□：□～□：□	○歳児 ○名（男児△名・女児▲名）
子どもの姿	● 育ちの様子、特徴 ● 遊びの様子（興味・関心、物や人とのかかわりなど） ● 生活の様子（生活習慣に関する取り組み） ……　**ねらい・内容につながるように**
ねらい	育つことが期待される**心情・意欲・態度**
内容	ねらいを達成させるために**経験する内容**（保育者が指導する内容）

○予想される子どもの活動　　◎環境の構成　　☆保育者の援助

予想される子どもの活動に対する環境の構成や保育者の援助

環境図
● 保育室や園庭
● 環境の構成
● 準備する物など

遊びや生活の区切りに応じてわかりやすく書きます

評価の観点	子どもの育ちと保育者の援助を振り返る観点

【生活の流れに沿った指導計画】

○月○日（×曜日）□：□ ～ □：□		○歳児 ○名（男児△名・女児▲名）	
子どもの姿	● 育ちの様子、特徴 ● 遊びの様子（興味・関心、物や人とのかかわりなど） ● 生活の様子（生活習慣に関する取り組み） **ねらい・内容につながるように**	ねらい・内容	ねらい 　育つことが期待される**心情・意欲・態度** 内容 　ねらいを達成させるために**経験する内容** 　（保育者が指導する内容）

時間	環境の構成	子どもの活動	保育者の援助
	● 環境の構成 ● 準備する物など **環境が大きく変化するときには環境図を入れます**	生活の流れに沿って活動を予想 ● 毎日繰り返される活動 ● 遊び（昨日からの続き） ● みんな一緒の活動 **生活の流れに沿ってわかりやすく書きます**	予想される子どもの活動に応じた保育者の援助 ● 生活習慣 ● 一人一人への対応 **ねらいを意識して**
評価の観点	子どもの育ちと保育者の援助を振り返る観点		

　指導計画はこれまでの子どもの姿を読み取り、その後の姿を予測して作成します。子どもの姿を読み解き、興味や関心、育っていることなどを把握することが大切です。

Part 1

実習日誌を書くということ

実習日誌は何のために書くのでしょう。

実習日誌を書くことで何を学ぶのでしょう。

ここでは、保育の営みで大切な「保育の振り返り」を

様々な視点から考えていきます。

書くことは考えること

まず「実習日誌」の意味を考えてみよう

　「実習日誌さえなければ実習は楽しいのに……」「実習日誌をどう書くか悩んでいたら朝になってしまった」などという声をよく聞きます。保育の実際がまだよくわからないときに実習日誌を書くのは、とても困難な作業だといえます。なぜなら、「実習日誌を書く」には保育を支える様々な力が必要だからです。保育を**観察する**だけでも、個人を見る、遊びを見る、集団を見る、といろいろな視点があり、そのどの力も必要です。

　ほかにも、観察したなかでどこを書くのかという、必要な部分を**選択する**力、それを読み手にわかるように**文章にする**力、そして、保育をあらためて振り返り**考察する**力などが必要です。

　それらの力は、保育者になって毎日の保育を展開し、保育を振り返り、記録し、明日の保育につなげていくという一連の保育の営みには欠かせない力です。「実習日誌を書く」ことは、このとても大切な力をつけるために、実践のなかでその営みを**繰り返し練習**していることになります。作業日誌のように何を行ったかだけを書くのでは、いくらやっても意味がありません。

　実習日誌は保育者としての体験をそこに重ねながら、**保育の営みに必要な力**をつけていくために重要なものなのです。

実習日誌は保育に必要な力をつけるトレーニング

次に「書く」ことの意味を考えてみよう

　一日の保育を終え日誌を書くということは、一日の様々な場面を思い起こし、**保育について考える**ということです。保育中は子どもたちの要求や出来事に対して瞬間的に判断し対応しなければならないので、迷っている時間はありません。でも後で考えると、「なぜあの子は泣いていたのかな」「本当にあの言葉がけでよかったのかな」「対応はあれでよかったのかな」などと気になることはたくさんあります。

　そのようなとき、状況をよく思い出して考えてみることで、保育中には気づかなかった子どもの気持ちに気づいたり、行動の意味を捉えなおしたりすることができます。

　さらに、それを誰かに**伝わるように書く**という作業は、他人にわかるような共通の言葉に置き換えていることになります。どんな言葉を使えば自分の考えていることを表現できるのか考えるのです。

　それは、これまでの学習で徐々に形成されてきた自分の**保育に対する考えや思いを探っていく行為**につながります。「なぜ、私はあの子のことが気になったのだろう」の「なぜ」に向き合うことは、自分の**保育への思いを意識化**することにつながるのです。

　また、保育は一日が最小単位と言われるように、一日中子どもたち一人一人が切れ目なく活動し、互いに幾重にも絡み合いながら展開しています。どこにどう注目していいのか、どう切り取ればいいのか、何を中心に書くべきなのか悩んでしまいます。

　書くという作業は、そのなかで自分が気になったこと、関心をもったこと、おもしろいと感じたことなどの気づきや発見に従って、自分なりに**保育を整理する**という意味をもちます。そのときに「実習生の本日の目標」(「保育者の援助の実際を観察する」とか「2歳児の子どもの手指の育ちについて観察する」など) として設定したことを意識すると、日誌の整理の仕方が変わってきます。

　書くことで次の目標が見えるようになる場合もありますし、「書かなければならないから**注意して見る**」ことにもなります。書くことによって保育を見る視点が明らかになり、**保育について考える力を鍛え、自分の保育観を追求していく**ことになるのです。

すべては観察から

　実習日誌を書いたり、記録を取ったりするためには、保育をしっかり見ること、つまり**観察する**ことが必要になります。

　「Aちゃんはどうして浮かない顔をしているのだろう」「どうしてBちゃんはうろうろしているのだろう」などの気になることに注目してみると、子どもの視線の先にあるものや人、興味のある遊び、心の動き、ほかの子どもとの関係を一つ一つ**事実と照らし合わせて読み解く**ようになります。

　「浮かない顔をしていると思っていたけど、よく見てみると興味のある遊びのほうを見ているな。もしかして入りたいけど入れないのかな」「うろうろしていると思っていたけど、目に入った遊びが気になっているのかな。保育室のいろいろな遊具や遊びの、どれもこれもやってみたいという気持ちが強いのかな」など、子どもの気持ちに気づきます。

　そうすることで、「じゃあ、明日は遊びに入れるきっかけを探してみよう」とか「やりたいことを探してじっくり遊べるように、自分が積極的にモデルになってみよう」と**援助の方向**が見えてくることもあります。つまり、援助の方向を探るには観察することが大切であり、そこから保育は始まるのです。

　ところが、実習中（保育中）は保育と観察を同時にしなければなりません。「この遊びを観察してみよう」と思っていても、誰かが泣いていたり、「先生、段ボールがほしい」などと要求されたりすると、その状況へ応えなければなりません。

　実習中はとくに「先生、絵本読んで〜」と絵本をもってきたり、「先生、あれ取ってきて」と言ってきたりと、実習生との関係をつくりたくて子どものほうから要求してくる場面が多くあります。実習の初めのころは意図的に要求に応えて名前を覚えたり、信頼関係をつくったりすることも大切です。しかし、いつまでもそれに応じて従って動くことは、実は子どもたちの主体的な遊びの邪魔をしたり、子ども同士の関係を崩したりすることになっているかもしれないのです。そのようにならないためには、状況をよく把握することが大切です。そして、自分の対応と子どもの姿を**客観的に観察する**よう意識することが必要です。

　子どもと気持ちを合わせて遊ぶことで子どもの心情に触れたり、かかわりながら観察することで遊びの要素を把握したり、一歩離れて客観的に観察することで適切な援助を考えたりと、**様々な立ち位置で保育を観察する**ことが大切なのです。

内面を見る目

言葉だけではわからない

　観察する力を高めるためには、一人一人の**子どもの内面を見る目**を養うことが必要です。内面を見るとは、子どもの表面に現れた言葉や行動、表情を通して、**その奥にある気持ちや要求**を理解することです。しかし、内面を見るための特別な方法があるわけではありません。子どもの言葉や行動、表情からその時々の思いを丁寧に捉え、肯定的に受け止め、共感したり切り返したりする繰り返しのなかで、内面が見えてくるのです。注意しなければならないのは、言葉などの表面だけでは見えないこともあるということです。

> 　Cちゃんが砂場でスコップを使って遊んでいたときに、Dちゃんに「それ貸して」と言われました。Cちゃんは「いいよ」と言って差し出します。Dちゃんはそれを受け取り、「ありがとう」と言って遊び始めます。Cちゃんは、Dちゃんが遊んでいる様子をずっと見ていました。

　このようなとき、CちゃんとDちゃん、それぞれにどんな声をかければよいのでしょうか。

　Cちゃんに「偉かったね。Dちゃんに貸してあげたのね」と言いたいところですが、Cちゃんがスコップを渡した後に、Dちゃんが遊んでいるところをずっと見ていたことを考えると、本当は貸したくなかったのかもしれません。もっと遊びたかったのに、自分の気持ちが言えなかったのかもしれないと考えると、保育者はCちゃんに「Cちゃんはまだ遊んでいたいんでしょう。貸したくないときには貸さなくてもいいのよ」と言葉をかけたほうがいいのかもしれません。

　Dちゃんにも「Cちゃんが貸してくれてよかったね」と言うのか、「Cちゃんはまだ遊びたいんだって。Cちゃんがいいよって言うまで待っていようね」と言うのか、「Dちゃんもスコップがほしいのね。Cちゃんはまだ使っているから、ほかのもの探しに行こう」と言うのか、様々な選択肢が考えられます。

　子どもは自分の心の動きを言葉で伝えるとはかぎりません。様々な思いがあっ

ても、まだ十分に伝えられない子どももいますし、言葉を知っていてもどう表現していいかわからなかったり、表現したくなかったりする子どももいます。

　また、これまでにどんな遊び方をしてきたか、友達とどんなかかわりをもっていたかによっても違います。内面の理解をするには、一つの場面や行動だけで判断するのでは十分とは言えないことが多いのです。行動の意味がそのときにはわからなくても、後になって理解できるということもあります。

　上の事例でも、ほかの場面でCちゃんとDちゃんの言動を探って併せて見たり、この砂場の場面で最適と考えた言葉をかけてみて、その反応からまた新しい情報が得られたりして内面が見えてくるということがあります。

 ## 同じ場所で遊んでいるけれど

　また、このような場面もあります。

> 　3人がままごとコーナーに入って遊んでいます。一人は食べ物をフライパンに入れて焼くまねをしています。一人はお人形の洋服を脱がせたり着せたりして遊んでいます。もう一人は「おでかけしてくるわ」と言って、バッグを持ってお店屋さんに買い物に行こうとしています。

　同じままごとのなかでも、それぞれに楽しみ方が違っています。やりたいことが違うのです。「同じ場所でままごとしている」と3人をまとめて同じように見てしまうと、一人一人の内面には触れることができません。それぞれが何を思い、何をしようとして、どう遊んでいるのかを**肯定的に理解**しようとする気持ちがなければ、子どもの内面を見ることはできないのです。

　一方的な思い込みで子どもを見たり決めつけたりせずに、子どもの姿をあるがままに受け止め、関心をもって見つめ、それを保育終了後に振り返り、記録し考察することで、内面を見る目は養われていきます。

遊びを見る目

　保育を観察する際、一人一人の内面を見ることはもちろん大切ですが、複数の子どもが集まって展開している遊びを見ることも必要です。クラス全体を観察するに当たって、遊びごとにその成り立ちや展開の様子、友達関係を理解することは、一人一人をより理解することにもつながります。
　遊びを見るときには、遊びが成り立っている要素に注目して見ることが効果的です。

- 人、もの、場とどのようにかかわっているか
- なぜ、その遊びを始めたのか
- 何に興味・関心をもっているか
- 誰がどんな役割を担っているか
- 遊びの課題は何か、何につまずいているか、乗り越えなければならないことは何か
- 保育者が配慮し、援助していることは何か

　これらの視点に立つと、観察したいことや捉えたいことがはっきりするので、遊びを見る目を養うためには効果的です。

いろいろな角度から遊びごとに診断しよう

個と集団の関係を読み取る目

　保育者は二つのレンズをもつ必要があるといわれます。
　一人一人の様子や一つ一つの遊びを細かに捉えるズームレンズと、クラス全体を俯瞰して捉える広角レンズです。もちろん、同じタイミングで両方のレンズを使って見ることは無理ですから、その両方を意識しながら保育を捉えることが大切だという意味です。
　両方を意識すると、自分が今、全体のなかのどの位置にいるということを意識したうえで、この遊びにかかわっているという自覚をもつことができます。それは、今どの遊びにどんな方法で援助することが必要かという**援助の適時性**を高めることにもつながります。

 ## 環境図を書くことから

　では、どうすればその両方を意識しながら保育をすることができるでしょうか。
　それには保育室の**環境図**（遊びの範囲が広いときには園全体の環境図）を使って記録を取ることが効果的です。環境図には遊びのメンバーやかかわりの様子、環境の構成、展開の様子などを書き込んでいきます。
　そして、書き込みながら「なぜ、ここでこの遊びが始まったのかな」「この遊びは途中で誰もいなくなったけど、何が原因だったのかな」「ここで積み木をたくさん使って基地作りをしていたけど、一番こだわって作っていたのは誰だったのかな」「ままごととお店屋さんは行き来して遊んでいたな」などと、一つ一つの遊びや遊び同士のかかわりについて思い出します。
　そうすることで、**子どもたちと環境との関係、子ども同士の関係、遊びと遊びの関係、遊びとクラス全体の関係**など、様々な関係のなかで子どもや遊びを見ようとする目が育っていきます。
　また、頭のなかに全体を俯瞰した遊びの地図のようなもの（イメージマップ）が描けるようにもなります。その地図をイメージして動くことで、一つの遊びにかかわりながらも、別の遊びの様子を遠目で探ったり、アイコンタクトをとって支えたりして全体を見ようとするようになります。

実習日誌にも環境図を

実習日誌には環境構成を書く欄がかならず設けてあります。それは環境図を書き込みながら、**一つ一つの遊びと全体**、その関係を意識するためです。そして、環境と遊びの関係を考えながら、保育を振り返るためです。

実習後の反省で、「一人ばかりを見ないで全体を見るようにと言われたが、それがとても難しかった」とか「一つの遊びにばかりかかわっていて全体が見えていないと指摘されたが、全体を見るとはどういうことなのか実感できなかった」と学生が実習を振り返ることがあります。

たしかに、一つ一つの遊びと全体（**個と集団**）の両方を意識することは難しいです。簡単にはできませんが、実習で少しでもそれを意識できるように、読み取ったことを丁寧に書き込んでいくことが必要です。

消防署ごっこ
・消防署見学がきっかけとなり、始まった遊びである。
・T児、S児が自分なりに工夫しながら消防署や消防車を作っているのを見て、仲間が増えてきた。
・消防署で見たものを思い出しながら、保育者も一緒に作って遊びを進めている。

戸外
・鉄棒や登り棒などの少し難しいものに進んで挑戦している。
・種まきをした植物に水やりをしながら、プランターの野菜の生長に気づき、保育者に報告している。

クッキー作り
・固まった紙粘土に色づけし、新しいクッキーを作り始めている。
・3・4歳児クラスに売りに出かけ、たくさん買ってもらってうれしそうだった。また違うクッキーを作ろうという気持ちが出てきたようだ。

製作
・魔法使いごっこの子どもが、遊びに必要なもの（魔法のステッキや帽子、マント）を作っている。必要な材料を自分たちで探したり保育者に要求したりする姿が見られる。

魔法使いごっこ
・魔法使いの物語の世界を楽しみ、必要なものや家を作りながら遊んでいる。
・K児の発想がおもしろいので、今はそのイメージで遊びが進んでいるが、ほかの友達の気持ちや考えも受け入れることができるように保育者がかかわっている。

生きものに触れる
・園外保育で捕まえたザリガニや魚に興味をもち、観察する姿が見られる。
・体のつくりや動きを十分に観察できるように場を整えてある。

保育者の意図を探る目

　保育者は**意図をもって**保育をしています。しかし、その意図を一方的に押しつけるわけではありません。子どもや遊びの実態を捉えて保育者が様々な役割を担うなかで、意図した方向に向かっていけるようにと考えています。**保育者の意図**と**子どもの主体性**とが絡み合って、保育は成り立っているのです。

　保育を観察する際には、**保育者の役割**を読み取り、どんな意図があるのかを探る目が必要です。たとえば、次のような役割があります。

- 物的・空間的環境を構成する
- 気持ちに寄り添う
- モデルになる
- 共同して作業を行う
- 共感する
- 助言する
- 要求を膨らませる
- 課題に対して援助する

　保育者は、場面に応じてこのような役割を担うことで、子どもが「やってみたいな」「こうしてみよう」「もっと〜になるようにしたいな」などと、自分から遊びに入ったり、工夫したり、やりたいことが膨らんでいったりと**主体的に活動し、必要な経験が積み重ねていけるように**しているのです。

子どもの主体性×保育者の意図＝保育

環境の意味を探る目

保育者の意図は環境にも込められています。

たとえば、「秋の自然に興味をもってほしい」という意図があるとき、落ち葉を掃いて大きな落ち葉の山を作っておいたり、子どもたちが集めてきた木の実や種などを小さな箱に入れて分類しておいたりします。

保育者が落ち葉の髪飾りや木の実のブローチをさりげなく身につけておくのも、一つの環境です。「先生と同じもの作りたいな。どこにあるの？」と子どもたちが興味をもったときに、「幼稚園のなかにあります。さてどこでしょう」などと保育者が言うと、子どもたちは夢中で探すでしょう。

そのように、保育者は**環境にねらいを込めて**設定しています。様々な環境を捉えて、そこにどんな意味が込められているのかを読み取ることは、保育を考えていくうえでとても重要なことです。

 ## 子どもの要求に応じた環境の構成

保育者は環境にねらいを込めて設定しておくばかりでなく、**子どもの遊びの様子に応じて**環境を構成していきます。

3歳児のスケートごっこの事例を通して考えてみましょう。

> 4歳児に招待されてスケートショーを見てきた子どもたちが、うれしそうに保育室に戻ってきました。「私もやりたい」「スケートしたい」と口々に言っています。4歳児のまねをしてスケートごっこの場を作ってみることになりました。
>
> 「滑るところはどうなってたの？」と保育者が聞くと、「氷みたいにツルツルだった」「丸かった」「白かった」といろいろな答えが返ってきます。そこで、子どもたちと一緒に白ボール紙をもってきてそれを貼り合わせることにしました。けっこう時間がかかる作業でしたが、「あんなふうに遊びたい」と4歳児が遊んでいたイメージがあるので、がんばってスケートリンクを作っています。

しばらくすると、片づけの時間になりましたが、「このままとっておきたい」という子どもたちの気持ちを受け止め、残しておくことにしました。降園後、保育者は教育課程にある、この時期のねらいの「気の合う友達と同じイメージで遊んだり、友達のイメージを受け入れたりして遊ぶ楽しさを味わう」や「遊びに必要な物を作り、それを使って遊ぶ充実感や満足感を味わう」を確認し、次の日の環境を準備しました。4人で始まった遊びでしたが、もっと多くの子どもが興味をもち参加してほしいと考え、スケート靴にする牛乳パックを大きなかごにたくさん入れておくことにしました。

　次の日、4人の子どもたちはいつもより早く登園し、必要なものを作り始めました。すると、その様子を見て仲間になりたいと7～8人の子どもたちが集まってきました。音楽をかけると、誰かのまねをしてみんなでジャンプしたり、回ったりと雰囲気を楽しんでいます。4歳児がしていたようにお客さんを呼んで何日も繰り返し遊ぶ姿が見られました。

　このように、子どもの要求から出発し、興味・関心を捉えたうえでねらいを環境に込めて環境を構成することも大切です。

園の環境を捉える

　園には毎年その時期になると**繰り返される遊び**があります。たとえば、桜の季節になると、桜の木の下で桜の花びらを使ったままごとが始まるというようなことです。この遊びでは、誰かが「桜の季節になったから桜の木の下でままごとしよう」と言ったわけでも、「花びらを料理の材料に見立てよう」と決めたわけでもありません。子どもたちそれぞれが自分なりに見立てて、自然にそこにいた友達の間で共有されていくのです。ということは、園の環境がこの遊びを誘発していると言っていいかもしれません。

　この園の環境のなかに、「四季の移り変わりが実感できるように」とか「自然物に触れながら遊びが展開できるように」などと、園の保育の方針や保育者の願いが込められています。子どもたちからすると、自由感あふれる園の環境のなかで主体的に身近な環境とかかわって遊んでいるのですが、園の環境に入った時点で、意図された方向へと導かれているということなのです。

　保育者が構成する環境にも意図がありますが、園舎の建て方や園庭の広さ、固定遊具の種類や配置、また動植物の飼育・栽培など、園全体の環境にも意図が込められています。環境の意味を考えるとき、**園全体の環境の意味**も捉えてみると、また新たな発見ができるかもしれません。

Part 2

フォトランゲージで読み解く子どもの生活

ここでは保育の様々な場面の写真を通して、
子どもの生活の様子を読み解いていきます。
そして、それをもとに実習日誌を記述するとすれば……、
次の日の指導計画を作成するとすれば……と考えていきます。

0歳児の育ち

0歳児は目覚ましく成長する時期です。
首がすわる、座る、はいはい、つかまり立ち、伝い歩きというように、運動機能に著しい発達が見られます。そのため、身のまわりの環境に対する興味や好奇心も広がり、探索活動が始まります。
保育者が気持ちに寄り添いながら、
優しく応答的にかかわる温かい雰囲気が保育の基盤となります。

生活

生理的欲求の充実を図りながら、応答的な触れ合いを重ねることで、情緒が安定していきます。特定の保育者との信頼関係や愛着関係に基づく触れ合いのなかで、豊かな感情や意欲、必要な力を身につけていきます。安心して過ごせるようなかかわりを心がけます。

遊び

育ちに応じた触れ合い遊びや応答性のある玩具が必要です。また、興味や好奇心に合わせて探索活動が十分にできるよう、環境を整えます。徐々に行動範囲が広がるので安全面に留意し、のびのびと活動できるように工夫しましょう。

春

　家族以外の大人と接することが初めてという子どもがほとんどです。家庭と連携を取りながら、一人一人の生活リズムを大切にすることで、徐々に安心して過ごすことができるようになります。温かい雰囲気のなかで生理的欲求が満たされると、身近な環境への興味が出てきて、玩具や遊具で安定して遊ぶようになってきます。

夏

　暑い季節を快適に過ごせるように、体調を見ながら沐浴や水遊びをすると、心地よい感触を楽しみます。また、はいはいや歩行などで行きたいところに行ける喜びを味わったり、手指を使って自分でしたいことができる満足感を味わったりするようになると同時に、保育者に遊んでもらうと声を上げて喜ぶ姿が見られます。

| 0歳児 | 1歳児 | 2歳児 | 3歳児 | 4歳児 | 5歳児 | 異年齢児 |

実習生の心構え

抵抗力が弱く、感染症にかかりやすい時期です。衛生面に十分に配慮することが必要です。体調管理に気を配り、つねに清潔な身だしなみを心がけましょう。また、安全面への配慮も必要です。丁寧な抱き方や接し方などを、よく見て学びましょう。

秋

　自分の意志や欲求を指差しや身振り、動作や言葉で表現するようになります。保育者の言葉も少しずつ理解できるようになり、保育者と気持ちを通わせるようになります。戸外での遊びによい季節なので、体調に気をつけながら散歩に出かけ、自然に触れたり体を動かしたりして遊びます。歌いながらの触れ合い遊びをとても喜ぶようになります。

冬

　園での環境に慣れてきて、落ち着いて生活できるようになります。安定した環境のなかで、いろいろなものや人に興味をもち、探索活動を楽しみます。まわりの友達の様子をよく見たり、かかわりも少しずつ出てきます。オマルに座って排泄する友達を見て、自分もまねするなどの行動も見られるようになります。

0歳児の生活

登園（朝の受け入れ）

保育者はどんなことに配慮しているのだろう

子どもも保護者も安心できるように…
- 笑顔で挨拶
- 「待っていましたよ」という気持ちを表現
- できるだけ同じ保育者が対応

保護者との信頼関係が築けるように…
- 保護者の気持ちへの共感
- 保護者の心配や困っていることへの傾聴

健康面への配慮ができるように…
- 昨日からの家庭での様子の確認
- 子どもの様子（顔色、熱、傷など）の確認

安全、清潔に過ごせるように…
- 保育室の掃除や換気
- 危険物がないかどうかの安全確認
- 子どもがさわるものや遊具の消毒

保育者は保護者と何を話しているのかな？

たとえば…
保「ユウくん、お父さん、おはようございます」
父「おはようございます。今日もよろしくお願いします」
保「お父さん、毎日お疲れ様です。ユウくん、さあおいで。お父さん、ユウくんは元気ですか？」
父「実は夕べ寝ているときに少し咳が出ていました。今朝検温しましたが、熱はないようです」
保「そうでしたか…ご心配ですね。日中注意してみていますね。熱が上がったり、何か変化があったりしたときにはご連絡させていただきます。今日もいつものご連絡先でよろしいでしょうか？」
父「はい、よろしくお願いします」

> **Point**
> **デイリープログラムを参考に**
> 各園にあるデイリープログラム（日課表）を参考にすると、子どもの活動の見通しがもてるとともに、日誌の記録も取りやすくなります。

実習日誌

時間	子どもの活動	保育者の援助	実習生の動き・気づき
7:30	・ユウが保護者に抱かれて登園する。	・子どもと保護者に挨拶をする。	・保育室の棚をふきながら、ユウと保護者を笑顔で出迎えていた保育者のかかわりを観察した。明るく元気に「待っていましたよ」という雰囲気で受け入れることが、何より大切であるとわかった。
		・「少し元気がないようですが、何かありましたか？」などと言いながら保護者に昨日からの健康状態や機嫌、家での様子などを聞く。	・連絡帳にも記載されているが、保護者に直接話を聞くことで、より具体的に正しく把握できるのだと思った。
	・いつもより元気がないユウだが、保育者に抱かれて安心した表情をする。	・ほほえみかけながら子どもを預かり、「元気に来られて偉かったね」と登園できたことをほめる。	・朝の受け入れ時の保護者とのコミュニケーションを大切にすることで、信頼関係を築いているのだと思った。 ・毎日のことと認識しているのか、ユウは保護者とスムーズに別れて見送っていた。保育者との信頼関係ができているから安心して見送ることができるのだと思った。
7:40	・保護者に手を振って見送る。	・保護者が所持品の用意を終えたら、「行ってらっしゃいしましょうね」と言って子どもと一緒に保護者を見送る。	・保育室内の遊具をふき、環境整備を行った。環境整備をしながら危険なものはないか確認することが大切だと感じた。

人見知り

人見知りはいつごろするのかな？

- 一般的には5、6か月から1歳過ぎごろまで。4か月くらいから2歳前後まで続くことも

　　　　　　　　　　　　　　個人差が大きい

どうして人見知りするのかな？

- 知らない人が怖いのかな
- よくかかわっている人だけが安心だと思うからかな

つまり、人見知りは…

- 保護者や大好きな保育者など、身近な人とそうでない人とが認識できるようになったという証拠
- いつもそばにいてくれる人と引き離されるのではないか、という予想ができるようになった証拠

この時期はどんなことに配慮すればいいだろう

「人見知り」の気持ちを受け止めて…
- 担当の保育者と十分にかかわれるようにする（一対一で遊ぶ、スキンシップをとるなど）
- 泣くことを順調な成長の過程と捉える

保護者の理解をうながすために…
- この時期の育ちの特徴を説明する

Point 状況がわかるように
「子どもの活動」を記述するとき、「遊ぶ」「泣く」だけでなく、「保育者のそばで安心して遊ぶ」「声を張り上げて泣く」など、状況がわかるように書きましょう。すると、様々な状況を注意して観察するようになり、子どもの内面を読み取ることにもつながります。

実習日誌

時間	子どもの活動	保育者の援助	実習生の動き・気づき
9:00	・保育者のそばで、気に入った玩具を手に持ったり、友達が遊んでいるのを見たりしながら遊んでいる。 ・実習生に抱かれて大声で泣く。	・「ユウくんのお気に入りがあってよかったね」と優しく言葉をかけたり、「そうなの。うれしいの」と遊びの楽しさを共有したりしている。 ・遅く登園してきた子どもに対応するため、「大丈夫かな」と言ってユウを実習生に預ける。	・保育者が子どもの気持ちを言葉にしたり、共感を示したりする場面が多く見られた。これが発語をうながすことになるのだろうと考えた。 ・担当の保育者からユウを引き受けて抱いたとたん、体をのけぞらせ声を張り上げて泣き出してしまった。ユウは今8か月で、ちょうど人見知りの時期であることがわかった。立ち上がってしばらくあやしたが、泣き続けているので担当の保育者が交代してくださった。この時期、担当の保育者に抱かれるのが一番安定するのだと思った。
9:30	・保育者に抱かれて落ち着く。	・ユウが大泣きしているので、遅く来た子の対応をほかの保育者に引き継ぎ、実習生からユウを預かる。「優しいお姉さんだよ、大丈夫よ」と言い、実習生に顔を向けるようにする。	・人見知りはユウの心が順調に育っている証拠であると、担任の先生からうかがった。実習期間中に少しずつ慣れてくれるようにかかわっていきたい。

おむつ替え

★ おむつはいつ替えるのかな?

一人一人のサインを読み取って…
- ぐずり出したとき
- 身震いしたとき
- 臭いがしたとき
- 普段と違う顔をして保育者を見たとき

さっぱりしたほうがいいときを考えて…
- 授乳の前
- 就寝をうながすとき

★ 保育者はどんなことに配慮しているのだろう

安定した気持ちになるように…
- なるべく担当の保育者が行う
- 笑顔で語りかけながら
- お気に入りの玩具を持たせながら

清潔に行えるように…
- おむつ替えシートを敷く
- お尻ふき、ティッシュなどを準備
- 明るい場所で

体の状態を知るために…
- 尿の量、色の確認
- 便の量、色、固さ、臭いの確認

Point 個人名の書き方
個人名の記入については園によって対応が違うので、最初に確認しておきましょう。イニシャル表示（A児、K児など）やカタカナ表示（ミユキ、ユウなど）、出席番号表示（①、②など）があります。後で振り返ったときに、誰のことを書いていたのかがわかるようにしておくと、個別の対応の違いや変化に気づくことができます。

実習日誌

時間	子どもの活動	保育者の援助	実習生の動き・気づき
9:30	・おむつを交換してもらう。	・「今すぐ用意するから、ちょっと待ってね」と語りかけながら、おむつ替えの環境を整える。 ・替える前に「ミユキちゃん、おむつ替えましょうね」と顔を見て話す。 ・替えているあいだも「たくさん出てよかったね。いいウンチが出たね」などと笑顔で語りかける。 ・替え終わったら、「きれいになって気持ちがいいね」と声をかけ、歌を歌いながらマッサージをする。 ・便や尿の状態から健康観察をし、おむつの処理をする。手を消毒する。	・おむつを替えるためのマットを敷き、新しいおむつやティッシュ、お尻ふきなどを用意していた。すばやく用意できるように、必要なものがかごにまとめてあった。 ・乳児はまだ関節がしっかりしていないので、おむつを当てるとき、保育者は足を高く持ち上げるのではなく、優しくおしりの下に手を当てて腰を上げるようにしていた。 ・おむつだけをつけた開放的な状態のときに、保育者はほほえみかけながら手足をさすってマッサージをしていた。「ぞうさん」の歌をゆっくりと歌いながらしていたが、ミユキはとても気持ちよさそうだった。このような積み重ねで信頼関係が築かれていくのだと感じた。
9:40	・おやつを食べる。	・「さあ、おいしいおやつにしようね」と語りかけながら、おやつの準備をする。	・ミユキの穏やかな笑顔から、おむつ替えの時間がゆったりとした、とても安定したひとときになっていることがわかった。

0歳児 1歳児 2歳児 3歳児 4歳児 5歳児 異年齢児

握り玩具遊び

何をしたいと思っているのかな？

視界に入ったものを…
- さわりたい、つかみたい、握りたい、振ってみたい、引っぱりたい、たたきたい

身近なもので作れるおもちゃを考えてみよう

- 握れるもの、音のするもの
- 落とすもの、ゆらゆらするもの
- 手指が十分に動かせるもの
  - 乳酸菌飲料やカプセルトイの容器を使って
  - ペットボトルやふたを使って
  - 靴下や手袋を使って
  - トイレットペーパーなどの筒を使って
  - 布やフェルトを使って
  - 牛乳パックや空き箱を使って
  - ひもやリボンを使って
  - 風船やボールを使って

この時期はどんなおもちゃがいいのだろう

- 小さい手でも握りやすい、持ちやすい
- なめてもいい、なめやすい
- 色が鮮やか、きれい
- 音がする（優しい音、きれいな音）
- 肌ざわりがいい
- 清潔である（洗ったり、ふいたりできる）

保育者はどうかかわったらよいのだろう

- 表情や行動に応答的にかかわる
  にっこり笑いかける
  「上手に持ったね」と拍手をする
- 保育者が遊んでみせる
  「ほら、いい音がするよ」などとやってみせる
  「ちょうだい」「どうぞ」などのやり取りをうながす
- 手指が十分に動かせるような環境を整える

実習日誌

時間	子どもの活動	保育者の援助	実習生の動き・気づき
10:30	・仰向けになって玩具を手に持ち、振ったりたたいたりして遊ぶ。 ・保育者に抱かれたり、そばで遊ぶ子どもの様子を見たりする。	・トモキをそばで見守りながら笑いかけたり、「音がするね」「トントンしたのね」などと語りかけたりする。 ・トモキと一緒に手作りマラカスを持って、「おもちゃのチャチャチャ」の歌を歌いながら音を鳴らす。	・子どもが機嫌よく一人遊びをしているときでも、そばで見守りながら遊びを認め、うながすような声をかけたり触れ合ったりしていた。そうすることで、トモキは長い時間、握り玩具に興味をもって遊んでいた。 ・手を動かしたら音が出たことに対して、「音がするね」「シャンシャンだね」などと保育者が言葉にすることで、意欲や言葉の芽生えにつながるのではないかと思った。 ・この時期は、つかんだものを口に持っていくようになるので、口に入ってしまう大きさのおもちゃは適していないし、きちんと消毒しておくことが必要ということがわかった。 ・乳児が目覚めているときには、見たり触れたり、音を聴いたりなめたり振ったりと、五感をたくさん働かせて遊んでいると感じた。
10:50		・室温を確認し、換気をする。	・天候や気温、湿度などを考慮し、過ごしやすい室内環境となっているか確認しているのだと思った。

授乳

授乳って栄養摂取のためだけなのかな？

- 保育者にしっかりと抱かれて飲む　　**安心感**
- 保育者と温かく触れ合う　　**信頼関係**
- 空腹の欲求に応えてもらう　　**サインへの応答**

授乳の準備では何に気をつけたらいいだろう

- 新鮮なミルクとお湯
  （缶を開封した日の確認、お湯の管理）
- 粉ミルクの量は正確に（計量）
- 一人一人に合わせた調乳（前回飲んだ時間、量の確認）
- 粉ミルク缶の保管（ふたをしっかり閉め冷暗所で）
- 清潔への配慮（消毒）
- 授乳に必要なものの準備（清潔）
- 授乳スペースの環境づくり（安心、ゆったり）

授乳の後で気をつけることは？

- 表情を確認する（満足感）
- げっぷを出させる（優しく背中をトントン）
- すぐに寝かせない（吐乳を防ぐ）

> **Point　学習したことを参考に**
> 実習までに様々な授業で乳幼児の育ちについて学びます。また、保育所保育指針解説書には子どもの発達が記述されています。目の前の子どもの様子をそれらと結びつけて捉えることで、考察が深まっていきます。

実習日誌

時間	子どもの活動	保育者の援助	実習生の動き・気づき
11:00	・ヒナノが少しぐずり始める。 ・ヒナノは、いつもと同じ保育者にミルクを飲ませてもらう。 ・時々休憩しながら、よく飲んでいる。	・調乳室で、清潔に配慮して手際よくミルクの準備をする。 ・ヒナノに「おなかすいたでしょ、ミルクにしましょうね」と言ってしっかりと抱き、「早く飲みたいね」「たくさん飲みましょうね」などと優しく語りかけながら授乳する。	・調乳室に一緒に入り、調乳の手順を観察する。調乳室は清潔に管理されていた。 ・それぞれの家庭で朝何時にミルクを飲んだかを確認し、一人一人違う時間に授乳していた。そのようにして、生活のリズムをつくっているのだと思った。 ・顔を見てほほえみかけたり、語りかけたりしながら授乳することで、安心した気持ちになると思った。また、様々な言葉がけが乳児の言葉の獲得につながっているということに気づいた。
11:20	・哺乳瓶から口をはずし、満足そうな表情をする。	・飲み終えたら、清潔なガーゼで口のまわりをふく。 ・縦抱っこをして背中をトントンと優しくたたき、げっぷを出させる。	・授乳後のヒナノの表情は、とても満足そうだった。おなかがすいたときにミルクを飲み満足感を得ることで、欲求が満たされた喜びを味わっているようだった。

| **0**歳児 | 1歳児 | 2歳児 | 3歳児 | 4歳児 | 5歳児 | 異年齢児 |

はいはい

どんな育ちや経験があると、はいはいするのかな？

- 腹ばいで首や手足を上げる
- 腕の力がつき体を支えられる
- 足の力がつき床を蹴ることができる
- 「動いてみたい」という気持ち
- 自分で移動できる喜び

はいはいをうながす環境構成と保育者の配慮を考えてみよう

- はいはいの目標となるものや人
- 目標への適切な距離
- はいはいしやすい場所（畳やフローリングの床）
- 変化がある環境（適当な段差や坂）
- 応援してくれる大人の存在
- 同じような育ちの子どものモデル
- 安心、安全、清潔な空間や雰囲気

はいはいの次の育ちを考えてみよう

- 移動する力の高まり
- 腕や足の力がつき、つかまり立ちや伝い歩きへ

Point　運動機能の発達を見通して
身体の発育は頭から下のほうへ、身体の中心から末端へという順序があります。首がすわり、寝返りができるようになり、その後、座る、はいはい、つかまり立ちなどです。それらの運動機能の発達を見通してかかわっていくことが大切です。

実習日誌

時間	子どもの活動	保育者の援助	実習生の動き・気づき
14:30	・自由にはいはいをして遊ぶ。 ・保育者や実習生を目指してはいはいする。	・おやつのときに使ったいすなどを隅に寄せ、柵や手押し車などを用意し、はいはいやつかまり立ちのための環境を整える。 ・はいはいをしているマミに向かい、「こっち、こっち」と好きなおもちゃを動かしてみせる。 ・にいはいが上手な子どものために、マットを用意し、登って遊べるように環境を整える。 ・そばで見守ったり、一緒に遊んだりする。	・はいはいのスペースを確保できるように、片づけて環境を整えていた。探索活動が十分にできるように配慮していることがわかった。 ・保育者が子どもと同じ姿勢になり、はいはいする姿を見せたり、「こっち、こっち」と言葉をかけ優しい表情で誘いかけたりすると、マミはさらに意欲的にはいはいするようになった。 ・保育者から引き継ぎ、おもちゃを見せながら「ここまでおいで」などと言うと、にこっと笑って、はいはいしてきた。「すごい、すごい」と拍手をすると、とてもうれしそうな表情をした。このようなことを積み重ねていくことで、意欲が育っていくのだと思った。 ・はいはいをする場所は、子どもが異物やごみを口に入れないように、よく点検しておくことが大切であるとわかった。
14:45	・保育者の膝の上で絵本を見たり、おもちゃで遊ぶ。		・安心感がもてるような雰囲気をつくったり、安全な環境を用意したりすることで、思う存分はいはいができるということが理解できた。

全日指導計画

6月12日（金）　0歳児　りす組　10名（男児6名・女児4名）

ねらい	○一人一人が思い思いに遊ぶことを楽しむ。 ○保育者に見守られながら、安定して過ごす。	内容	□保育者とのやり取りや触れ合いを楽しんだり、体を動かしたりして遊ぶ。 □身近な玩具や遊具で遊ぶ。

時間	環境の構成	予想される子どもの活動	保育者の援助
7:30	室内の換気、室温を整える	順次登園（早朝保育） ・朝の遊び ・おむつ交換、排泄、手洗い（手ふき）	・子どもや保護者と明るく挨拶をし、保護者に健康状態や家での様子を聞いて健康観察をする。 ・言葉をかけたり、スキンシップをしたりしながらおむつ交換をする。
10:00	保育室内の安全を確認しておく カメのお面を用意する ふとんの坂 段ボール箱のトンネル 牛乳パックのサークル	・授乳、おやつ ・午前の室内遊び「カメさんになろう」 　➡部分指導計画 p.36 ・睡眠（子どもによって） ・おむつ交換、排泄、手洗い（手ふき）	・はいはいして進むときにぶつからないように、まわりの環境を整える。 ・保育者がカメの面をつけて、はいはいして見せ、一緒に遊ぶ。 ・一人一人の生活のリズムに合わせて授乳する。授乳しながら優しく語りかけるようにする。
11:30		・食事、授乳 ・うがい ・おむつ交換、排泄、手洗い（手ふき） 　➡部分指導計画 p.37 ・パジャマに着替え	・「おいしいね」などの声かけをして、楽しく落ち着いた雰囲気のなかで食事ができるようにする。
12:30	静かなCDをかける カーテンを閉め、落ち着いた雰囲気にする	・睡眠	・気持ちよく安心して睡眠がとれるように、室温や換気に配慮する。
15:00	ふとんを片づける	・目覚め ・おむつ交換、排泄、手洗い（手ふき） ・着脱	・一人一人の様子を見ながら、無理のないように優しく声をかけて起こす。
15:20	0歳児の環境の構成は、安全と衛生面への配慮がとくに必要です。様々な環境への配慮がされているので、その意味を考えて指導計画に書いてみましょう。	・手洗い（手ふき）、授乳、おやつ ・うがい ・午後の遊び	・楽しくなごやかな雰囲気でおやつを食べられるようにする。 ・安全面に気をつけながら、ゆったりとした時間が過ごせるようにする。
16:00		順次降園（延長保育）	・保護者に日中の出来事や連絡事項などを話し、挨拶をして見送る。 ・延長保育の保育者に必要事項を伝達し、引き継ぐ。
19:00	保育室の整理整頓	0歳児は一人一人の生活リズムが違うので、目安としての予定は立てますが、柔軟な対応が必要です。食事・睡眠・排泄の欲求が満たされ、安定して生活できるように考えていきます。	・本日使用したおもちゃなどを消毒し、室内を整理整頓する。
評価の観点	・一人一人が安定した気持ちで、のびのびと遊んでいたか。 ・やり取りや触れ合いを楽しみ、機嫌よく過ごすことができたか。 ・遊びの準備や環境構成は、子どもの興味や関心を膨らますことができ、安全、清潔であったか。		

個別的な計画（6月）

「保育所保育指針」（第1章3　保育の計画及び評価）のなかで、3歳未満児の保育では「個別的な計画」を作成する必要があることが記されています。満3歳以前は心身の発育・発達が顕著で、個人差が大きい時期です。そのため、一人一人の子どもの状態に即した保育が展開できるような配慮が求められます。

名（月齢）	子どもの姿	育てたい内容	保育者のかかわりと配慮事項
ヒナノ（5か月）	・特定の保育者からの授乳に慣れてきた。 ・登園後しばらくすると眠くなって、ぐずりだすことが多い。 ・仰向けで活発に手足を動かし、時々寝返りがうてるようになった。 ・音の鳴るおもちゃを手の近くにもっていくと握り、振って遊んでいる。 ・人見知りが激しくなり、見慣れない人を不安がる様子が見られる。	・安心してミルクを飲む。 ・生活リズムに合わせて、睡眠を一定時間とる。 ・保育者に見守られながら、喜んでうつ伏せや腹ばいの姿勢で過ごす。 ・保育者とのやり取りを楽しみながら、表情豊かに遊ぶ。 ・担当保育者との触れ合い遊びやかかわりを十分に楽しむ。	・ゆったりとした雰囲気のなかで優しく語りかけながら、安心して飲めるようにする。 ・保護者の話や連絡帳から、睡眠・起床時刻を把握する。 ・眠いときのサインを受け止め、眠りやすい環境をつくり、安心して眠れるようにする。 ・興味のある玩具を見せたり、呼びかけたりして、寝返りをうながす働きかけをする。また自ら体を動かそうとしているときには、安全に姿勢を変えられるよう手を添えて援助する。 ・五感に働きかけるような、いろいろな素材の玩具を用意する。 ・興味のある玩具を見極め、子どもの意欲を引き出していくようにする。 ・特定の保育者がかかわるようにし、不安を増幅させないようにする。また好きな保育者に抱かれて、少しずつほかの人にもかかわるようにする。
ユウ（11か月）	・新しい環境に慣れてきて、泣かずに過ごすことが多くなる。 ・スプーンを持ち、こぼしながらも食べ物をしっかりと飲み込んで次の一口を入れる。 ・探索活動が盛んになり、はいはいでいろいろな所に興味をもって移動する。 ・紙おむつが濡れていないときがある。 ・入眠時はぐずって大泣きするが、比較的長い時間、眠れるようになってきた。	・名前を呼ばれたら、身振りや言葉で返事をする。 ・楽しい雰囲気のなかで、自分で食べようとする気持ちを育てる。また、スプーンの持ち方に慣れるようにする。 ・十分に探索活動を楽しみ、少しずつしっかりと立ち、伝い歩きができるようになる。 ・おまるや便器の座り方を知り、座ることに慣れる。 ・保育者に見守られながら、一定時間安心して眠る。	・子どもの気持ちを受け止めながら、安心できるように優しく言葉をかけるなどして、ゆったりとかかわるようにする。 ・そばで見守ったり、時々スプーンで食べさせたりしながら、自分で食べようとする気持ちを大切にしていく。 ・安全面に十分に配慮し、そばで見守りながら歩行をうながすような言葉がけをする。 ・友達がおまるや便器に座っている姿を一緒に見て、おまるに座ることをうながし、無理なく慣れていけるようにする。 ・できるだけユウが安心できる保育者がかかわるようにする。 ・落ち着いて眠りに入れるように、保育者の膝に座って絵本を見る時間をつくる。

部分指導計画　室内遊び「カメさんになろう」

6月12日（金）10：00〜11：00　0歳児　りす組　10名（男児6名・女児4名）

子どもの姿	・入園から2か月が経ち、担任保育者にも慣れ、安心して過ごせるようになってきた。 ・午前中に睡眠をとる子どもがいる。 ・月齢差により、運動面には一人一人違いが見られるが、はいはいで移動する子が増えてきた。 ・月齢が高い子は探索活動をする姿が見られる。	
ねらい	・保育者に思いを受け止めてもらいながら、好きな遊びを楽しむ。 ・カメのまねをしたり、保育者とのやり取りを楽しんだりして、運動する楽しさを味わう。	内容
		・梅雨期の健康状態や衛生面に十分配慮された環境で、気持ちよく過ごす。 ・はいはいなどで室内を移動したり、斜面を登ったりすることを楽しみながら、体を動かすことを喜ぶ。

○予想される子どもの活動　　◎環境の構成　　☆保育者の援助

❶
◎梅雨入りして雨天が続いているので、体調や清潔に配慮し、室内で快適に過ごせるように工夫する。
☆個々の動きに個人差があるので、3人の保育者間で発達をしっかり確認し合い、一人一人に適切な援助をしていく。
○午前中に睡眠をとる子どもがいる。
☆こまめに子どもの様子を観察する。
☆ベッドの柵がきちんとしているか確認する。
☆目覚めたら、優しく語りかけながら抱き上げる。

❷
○黙々と型はめや型落としをしたり、ぬいぐるみなどで遊んでいる子がいる。
☆保育者も一緒に遊びながら楽しさを共有し、同じ場で遊ぶ子どもの仲立ちとなって、やり取りが楽しめるようにしていく。また、「○○ちゃん、〜しているね」とほかの子どもの様子を伝え、見ることや模倣することが楽しめるようにする。

❸
◎5歳児がもってきてくれたカメに興味をもっている子どもがいるので、カメのお面を人数分用意する。
◎保育者自身もお面をつける。
◎保育者は「もしもしカメよ、カメさんよ〜」（うさぎとカメ）と歌いながらはいはいをし、子どもたちがまねしやすい雰囲気をつくる。
○保育者が「カメさんとおんなじだね」などと言いながら室内を移動すると、普段から保育者の動きをよくまねるユウら3人はカメのお面に興味を示すことが考えられる。お面をつけ、保育者と並んではいはいをする。
☆安全面に留意しながら、広い空間のなかで保育者が手を取ったり支えたりし、十分に動けるようにする。

❹
○絵本（『うさぎとかめ』『きんぎょがにげた』など）を見る。
☆子どもを保育者の膝の上にのせるなどして読み聞かせをし、一対一のかかわりで安心感がもてるようにする。
☆喃語や指差し、身振りで思いを伝えている際はしっかりと思いを受け止め、言葉や表情で丁寧に返し、喃語を引き出していく。

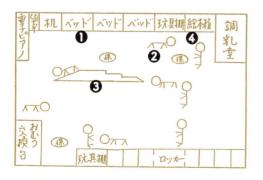

0・1歳児の部分実習は、みんなで一緒に長時間同じ活動をするには無理があります。子どもの姿をもとに環境を提示して（活動の場を整えたり、使うものを準備したりする）自由な雰囲気のなかで行うか、短時間（10〜15分）なら興味をもって活動できることを行うか、考えて計画を立てましょう。

部分指導計画 食事、授乳

6月12日（金）11：30〜12：30　0歳児　りす組　10名（男児6名・女児4名）

子どもの姿	・人見知りをして保育者からミルクを飲むのを嫌がっていたヒナノも最近は慣れてきて、1回に飲む量が増えてきた。 ・保育者に援助されながら離乳食を食べる子どものなかには、自分で食べたい気持ちが旺盛になってきて、手づかみで食べる子どももいる。 ・食欲があるが、よく噛まずに飲み込もうとする姿が見られる。		
ねらい	・梅雨期を健康に過ごす。 ・食事の時間を楽しみにする。	内容	・喜んでミルクを飲んだり、離乳食を食べさせてもらう。 ・食べ物に手を伸ばして自分で食べようとする。

○予想される子どもの活動　◎環境の構成　☆保育者の援助

❶ ◎清潔でゆったりとした場を設定する。
☆食中毒が出やすい時期なので、食品の取り扱いに十分に注意するとともに、子どもの手ふきをしっかり行う。
☆授乳から離乳食に移行した子どもが増え、個人差もあるため保育者間で確認し合い、一人一人に合った援助を心がける。

☆離乳食開始の時期は、子どもの食事の様子について家庭と連絡を取り合って決めていく。その際、保護者の希望に耳を傾ける。
☆消化吸収が未熟で、食物アレルギーを起こしやすい年齢なので、離乳食の進め方については保護者との連携を密にする。

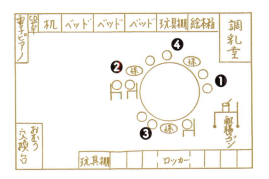

❷ ○ヒナノ、ショウ、アヤ（5〜6か月児）
ミルクを中心として、一日に1回の離乳食を食べる。
☆落ち着いて、ゆったりとした雰囲気をつくり、焦らずにあやしながら食べさせる。

○キョウスケ、リョウ（7〜8か月児）
一日に2回食となり、食べ物にさわりたがる。
☆手づかみで食べようとしてもうまくいかないが、やりたい気持ちを大切にしつつ、子どものペースに合わせて、声をかけながら食べさせる。

❸ ○ユウ、サトシ、ミカ（9〜11か月児）
自分から食べ物を手に取って感触を確かめたり食べようとしたりするが、保育者の援助で食べることが多い。
◎つかみやすいように小皿を多く用意する。
☆食べるペースを大切に見守るが、一定量を食べられるように援助する。
☆「おいしいね」「もぐもぐしようね」などと語りかけて、口を動かすようにうながす。

❹ ○ユウキ、マイ（12〜13か月児）
スプーンやフォークに興味を示し、「自分で」と意欲的に食べる。
☆一人で食べられたときにはほめたり、手づかみが多くなったときには「スプーンでね」などと声をかけたりして、楽しい雰囲気でスプーンを使うことに慣れていけるようにする。
☆両手でコップやお椀をしっかりと持って口へ運べるように、持ち方や傾け方を知らせたり、そばで見守ったりする。

練習してみよう

自分で考えた後に、
何人かで話し合いをしてみましょう。

何をしているのかな？

身近なものを使った手作り玩具を考えてみよう

この遊びを通してどんな育ちが
うながされるのだろう

0歳児の食事の配慮点を考えてみよう

育ちの面から

衛生面から

食育の観点から

応答的な触れ合いの観点から

この時期の排泄の配慮点を考えてみよう

育ちの面から

生活リズムや生活習慣の面から

衛生面から

Column

環境の意味を探ろう

　保育室にあるものには、かならず意味があります。その一つ一つの意味を探り、そこにかかわる子どもの様子と関連づけて考えていくことで、「実習生の気づき」や「考察」を深めることができます。
　たとえば右下の写真の場面を考えてみましょう。
「持っているものは何かな？」
「何を楽しんいるのかな」
「筒の両側に面ファスナーが縫いつけてあるのでは」
「ペットボトルに穴があいてることで、どんな遊びが生まれるのだろう」
と考えてみます。そして、子どもが何度も筒を振って遊んでいる様子と関連づけて……

　1歳の子どもに握りやすい大きさで、音の出るおもちゃを用意しておくことで、腕を動かして音を出し遊ぶことを楽しんでいた。素材がキルティングなので温かみが感じられるし、持ちやすいのではないかと思った。筒の両側に面テープが縫いつけてあるので、今後はつけたりはずしたりして遊んだり、ペットボトルの中に落とし入れたりして遊ぶことも考えているのだと思った。身近なものを利用して、このように子どもが興味をもって遊べるおもちゃを作ることができるのだと思った。

　などと文章にします。
　ほかにも、トイレなどの設備の配置や広さ、便器の大きさや高さなどから意味を考えることもできます。子どもや保育者の動線を考えての配置になっていたり、子どもができるだけ自分でできるような寸法になっていたり、安全性を考えたものになっていたりするからです。
　身近なおもちゃや遊具、子どもたちが使う設備、保育室、園庭などの環境の一つ一つを、素材や色、形、安全性、子どもの興味や関心、能動的な活動の誘発、動線などの様々な視点で捉え、子どもの活動や保育者の援助と合わせてみると、環境のもつ意味や保育者のねらいや願いが垣間見えてくるはずです。

1歳児
1歳児の育ち

1歳児は、まわりの環境への関心を広げる時期です。
探索活動を通して、見る、触れる、聞くといった経験を重ねることで、世界が広がっていきます。保育者との信頼関係を基盤に、安全・安心な環境のなかで身近なものや人に自分から働きかける意欲が育ってきます。子ども同士のかかわりが生まれ、同じことをして遊ぶ姿も見られるようになります。

生活

保育者に援助されながら、食事や手洗い、排泄などの基本的生活習慣の基礎が身につく時期です。自分でやってみようとする意欲を認めてゆったりと見守ったり、できないところをさりげなく援助したりして、達成感が得られるようにすることが大切です。

遊び

歩くことができるようになり、探索活動も活発になってきます。ものや人とのかかわりが深まったり、言葉を獲得したりする時期であることを考慮した遊びの工夫が必要です。遊びに夢中になれる場所や素材、遊具を整えるようにしましょう。

春

4月当初は保育室や担任が変わり、新しい環境にとまどう様子も見られます。お気に入りの玩具を用意したり、好きな遊びをしたりすることで、徐々に慣れて安心して生活するようになります。戸外で遊んだり散歩をしたりして、春の自然に触れながらのびのびと遊ぶ姿が見られるようになります。

夏

安心して生活するようになり、身のまわりのことに興味をもち、少しずつ自分でやってみようという気持ちが出てきます。保育者に援助されながら、やりたい気持ちが膨らんでいきます。また、砂や水に触れて遊ぶことで、いろいろな感触を経験し、その心地よさから開放感を味わいます。

| 0歳児 | **1歳児** | 2歳児 | 3歳児 | 4歳児 | 5歳児 | 異年齢児 |

実習生の心構え

1歳児は自分で歩いて移動するようになり、行動範囲を広げていきます。好き嫌いの感情もはっきりし、自己主張が始まります。自ら環境にかかわろうとする意欲や、友達や周囲の人への関心を高めるように支えることが大切です。

秋

　友達と同じことをしたり、同じものを身につけたりすることがうれしい時期です。友達がもっているものを欲しがったり取り合ったりしながら、子ども同士のかかわりが生まれてきます。身近なものを何かに見立てて遊ぶ姿が見られるようにもなります。

冬

　運動機能が発達し、走ったり登ったりジャンプしたりして思いどおりに体を動かして遊ぶことを喜びます。また、保育者が様々な場面で子どもの思いを受け止め、言葉を補って相手に伝えることで、友達と言葉を交わし共感する心地よさを味わうようにもなります。保育者や友達とごっこ遊びや模倣遊びを繰り返し楽しむ姿も見られます。

1歳児の生活

保育者との触れ合い

なぜ一人の子どもをだっこしているのだろう

気持ちが不安定なのかな…
- 入園して間もないので慣れていない
- 自分の意にそわないことがあり機嫌が悪い
- 好きなおもちゃで遊びたかったが、すでに誰かが遊んでいた
- 体調が悪い

どうしてだっこが安定するのか考えてみよう

- 保育者の優しい動きやぬくもりが伝わる
- 声がすぐ近くから聞こえる
- 保育者のにこやかな笑顔が見える
- 自分一人にかかわってくれているという満足感がある

子どもが不安定なとき、保育者はどのようにかかわったらよいのだろう

- 保育者との触れ合い
  だっこやおんぶ
  触れ合い遊び(くすぐり、タッチ、手遊びなど)
- 安心できるような語りかけ
  「大丈夫だよ、先生がいるからね」
  「いっぱいだっこしようね」
- 気分転換できるような誘いかけ
  テラスや戸外で外気に触れる
  飼育している小動物の様子を見に行く
  「おもしろいことしているね」と友達の遊びを見せる
  好きなおもちゃで遊べるようにする

> **Point**
> **なぜ泣いているのか考えよう**
> 子どもがぐずっているときには、なぜ不安定なのか考えてみましょう。理由がわからないときは保育者に質問してみてください。その子どもの背景がわかると、気持ちが理解できることもあります。

実習日誌

時間	子どもの活動	保育者の援助	実習生の動き・気づき
9:00	・シュンは登園後、遊びださずに保育者のそばを離れない。	・「シュンくん、先生がだっこしてあげようね」と語りかけながら、シュンの身のまわりの始末を済ませ、保育者も座ってだっこする。	・朝から元気のなかったシュンだが、保育者がだっこし、ゆったりとした時間をもったことで、少しずつ安心した顔になった。
	・保育者に抱かれながら、テラスや廊下に行く。	・近くで遊んでいる子どもはほかの保育者に任せ、しばらくシュン一人に寄り添う。その際、保育者同士で連携を取り、協力し合う。	・だっこはとても安定できる方法であり、子どもはみんな、だっこが好きだと思った。 ・このようなときには、保育者間のチームワークが大切であるということがわかった。
	・次第に保育者の膝の上で遊び始める。	・落ち着いてきたら、気に入った遊びに入っていけるようにする。	・一人一人の気持ちを考えながら、寄り添ってかかわることが大切であると思った。
10:00		・シュンが元気のなかった原因を保育者間で話し合う。	・シュンが元気がなかったのは、「母親が夜勤で、夕べから会っていないことが原因ではないか」と後で保育者からうかがった。子どもを理解するためには、保育者間で情報交換しておくことが大切だと思った。

| 0歳児 | **1歳児** | 2歳児 | 3歳児 | 4歳児 | 5歳児 | 異年齢児 |

一人遊び

1歳児はどんな遊びが好きなのかな？

自分で歩けるようになったことから…
- 興味があるところに自分で移動できるように

　　　　自分の意思で行きたいところに行く

手指が器用になってきたことから…
- 拾う、持つ、投げる、破る、つまむ、入れる、出すができるように

　　　　自分の行為で変化することを楽しむ

まねできるようになったことから…
- その物らしく扱ったり、道具を操作したりできるように

　　　　見立て遊び、ふり遊びを楽しむ

どんな環境やかかわりが必要なのだろう

- 夢中になって遊ぶ（物とかかわる）ことができる十分な時間
  拾ったものを口に入れないか、危ないものに触れていないかなどの注意をしながら
- 探索活動が十分にできる（自分の行きたいところに行ける）場所
  危険なところに近づいていないか、入り込んでいないかなどの注意をしながら
- 一人一人が何に興味をもち、どんな遊び方をしているか見守る保育者
  一方的に働きかけるのではなく寄り添いながら
  一人一人の思いを受け止め、認めながら
  時には模倣をうながすようなモデルになりながら
  子どもの行為に共感したり言語化したりしながら

Point
環境の意味を考えよう
この時期に大切な一人遊びや探索活動が十分できるように、どんな環境の配慮があるか保育室や園庭をよく観察してみてください。そして、保育者の意図を考え、気づきとして日誌に書いてみましょう。環境の意味を考えることは、大切な気づきにつながります。

実習日誌

時間	子どもの活動	保育者の援助	実習生の動き・気づき
10:10	・保育者が出したおもちゃのなかから、リョウは好きなおもちゃ（トラック）のところに行って遊ぶ。 ・押したり、勢いをつけて走らせたりして遊んでいる。	・「リョウくん、いいの見つけたね」と語りかけながら、そばで温かく見守る。 ・「リョウくん、行くよ」と言って、もう1台の車を勢いよく走らせる。	・保育者に確認しながら、おもちゃの準備をする。午前中の子どもたちの機嫌がいい時間に、たっぷりと好きな遊びができるように環境を整えることが大切だと思った。 ・リョウは、トラックを見つけるとすぐにやってきて、自分もまねしてやってみていた。リョウの「やった」という誇らしげな顔から、とても充実したひとときであることがわかった。
10:30		・近くで遊んでいる子どもに「リョウくん、ブーブーだって。何を運ぶのかな」などと語りかけ、徐々にそばで遊んでいる子どもにも関心がもてるようにする。	・保育者は、一人遊びから徐々に友達への関心が広がるようにしているのだと思った。 ・子どもが遊ぶスペースには、安全対策にコンセントカバーがしてあった。安全に遊ぶために必要なことだと思った。

運動遊び

★ 子どもたちの心を開放させる遊びとは？

- 戸外でのびのびと
 自然との触れ合い（砂、泥、水、風、草花など）
 虫や動物との出合い（アリ、ダンゴムシ、チョウ、キンギョ、カメ、ウサギなど）
- 体を使って運動
 登る、跳ぶ、飛び降りる、滑る、揺れるなど
 追いかけたり、追いかけられたり
 転がしたり、投げたり

★ どんなことに配慮が必要なのかな？

- 安全面から　　　　　　　　　　　**養護の視点**
 つまずきそうな石や、さわると危険な物を取り除いて
 転んでもすぐに助けられる距離で
- 好奇心を広げ意欲的に遊べるように　　**教育の視点**
 一人一人の子どものやりたい気持ちや発達段階に合わせて
 いろいろな動きが経験できるように
 「楽しい」「おもしろい」が積み重なるように
 「やった」「できた」の充実感が味わえるように

> **Point**
> **養護と教育の視点から**
> 保育は養護と教育が一体的に展開されます。様々な環境や援助には、養護と教育の両面があります。「養護の視点では…」「教育の視点では…」と、つねに両面から考えるようにすると、気づきが深まります。

実習日誌

時間	子どもの活動	保育者の援助	実習生の動き・気づき
10:40	・「ハルマくん、まてまて」と保育者に追いかけられたり捕まえられたりを繰り返す。「キャッ、キャッ」と声をあげて笑っている。	・ハルマのペースに合わせて、のびのびと走ったり歩いたりを楽しめるようにしている。 ・ハルマが保育者に向かって走ってくるときは両手を広げて待ったり、「こっちだよ、おいで」と言葉をかけたりする。	・ハルマが保育者と一緒に園庭へ行ったので、ほかの保育者に話して園庭に出る。 ・午前中のゆったりとした時間に保育室や戸外で、一人一人の子どもの興味や月齢、体調など、また保育者の人数や天候に応じて好きな遊びができるようにしていることがわかった。のびのびと好きな遊びを楽しんでいて、ハルマは大変満足げだった。 ・ハルマが、走る楽しさや追いかけられるおもしろさを十分に感じて遊んでいることが、笑い顔からわかった。
	・ベランダに座って、コップで麦茶を飲む。	・麦茶をコップについでハルマに渡し、上手に飲めるよう補助する。	・保育者は、遊びの途中で水分補給をさせていた。気候に応じて、このような配慮も必要だということがわかった。
11:00	・保育者と手をつないで園庭の散策をする。	・咲いている花を見たり、アリを見つけて立ち止まったりし、ハルマのペースに合わせて動く。	・保育者が当番で園庭の掃き掃除をしているのは、単にきれいにするばかりでなく、安全点検をしているのだと気づいた。

| 0歳児 | **1歳児** | 2歳児 | 3歳児 | 4歳児 | 5歳児 | 異年齢児 |

手洗い

水道での手洗いは、いつごろから始めるのだろう

きっかけはどんなことなのかな…
- 立ったり歩けるようになってから
- 手を合わせたり、こすったりできるようになってから

どうやって手をふいているのかな？

- 自分のタオル（毎日持ち帰り洗濯）
  タオルかけ（個人マークをつけておく）にかけておく
- 手ふき用の紙タオルで
  小さく切っておき、使ったらごみ箱へ
- 園で用意した小さな布タオルで
  かごに入れておき、使ったら洗濯かごへ

保育者はどんな言葉をかけているのだろう

- 「バイキンをやっつけようね」（手洗いの意味）
- 「きれいにして、お昼ご飯食べましょうね」（何のために）
- 「ほら、きれいになったね。気持ちいいね」（気持ちの代弁）
- 「自分でできたね」（自立に向けて）

保育者はどんなかかわりをしているのかな？

- 楽しみながら身につくように
- 「こうすると気持ちいい」と感じられるように
- 自分でやりたいという気持ちを引き出しながら

実習日誌

時間	子どもの活動	保育者の援助	実習生の動き・気づき
11:15	・ミユは戸外遊びの後、手洗い場へとうながされて、保育者と一緒に手洗いをする。	・「ミユちゃん、手をきれいにしようね」と語りかけながら、手を添えて洗い方を示す。 ・「ほうら、きれいになって気持ちいいね」「石けんの匂いは、いい匂いだね」などと言葉がけし、清潔にすることの気持ちよさに気づいていけるような働きかけをする。	・保育者がしゃがんで子どもの高さになり、子どもの後ろから手を添えて手洗いの仕方を教えていたので、私もまねしてやってみたが、子どもに水がかかってしまいなかなか難しかった。 ・保育者は子どもが手を洗いたくなるような言葉をかけたり、洗った後に気持ちがよくなったことに共感したりしていた。子どもに無理にやらせるのではなく、楽しい気持ちになるようにしているのだと思った。
11:25	・ハルトは何度も手洗いをしては、水をジャージャー流している。	**Point 表情やしぐさに注目して** 子どもの活動や保育者の援助のところは、どんなことを話していたか思い出して書くと状況が伝わりやすいことがあります。そのときの表情やしぐさなどを添えると、さらにわかりやすくなります。	・手洗いが好きなハルトはおもしろくなってきて、石けんをつけては水で流すことを繰り返していた。私が「もう終わりだよ」と声をかけても、なかなか終わりにしなかった。このようなとき、どのような言葉がけをしてよいのかわからなかった。

食事

保育者はどんな言葉をかけているのかな？

「いただきます」
　これから食事をするという気持ちになるように
「甘くておいしいね」
　一緒に同じ物を食べる楽しさが味わえるように
「上手にもぐもぐできたね」
　ほめることで食事の時間が楽しくなるように
「よくカミカミしようね」
　よくかんで食べられるように

手づかみの子には、スプーンで食べるようにしなくていいのかな？

自分で食べようとする気持ちを大切にしながら…
- 食べ物を口に運ぶ喜びを感じていると解釈する
- 上手に食べられたときに一緒に喜び、食事の楽しさを味わう

スプーンへの興味を引き出すように…
- 保育者が食べさせたり、握りやすいスプーンを用意したりする
- さりげなく手を添え、すくいやすいようする
- 切り分けたりまとめたりする

好き嫌いのある子にどのようにかかわればいいのかな？

味覚は変化していくものと考えて…
- だんだんに食べられるようになると捉える

食べてみようという気持ちをうながして…
- 苦手な食材は少しだけよそって、食べられたときに満足感が味わえるようにする
- 保育者がおいしそうに食べる姿を見せる

実習日誌

時間	子どもの活動	保育者の援助	実習生の動き・気づき
11:30	・手洗いをして着席し、配膳してもらうのを待つ。 ・「いただきます」の挨拶をうながされ、食べさせてもらったり自分で食べたりする。	・きちんと手洗いをし、清潔な状態で配膳する。 ・「今日はおいしいおさかなですよ」などと、食事に期待がもてるような言葉がけをする。 ・静かな曲を流して雰囲気づくりをし、「いただきます」のあいさつをうながす。 ・「もぐもぐね」と子どものほうを向いて口を動かして見せ、よくかんで食べられるようにする。 ・3人の保育者が手分けして子どものそばにつき、食事をする。	・クラスのなかには、手づかみで食べている子やスプーンを上から握っている子、スプーンの下から上手に持って食べている子など、様々であった。 ・食事に期待がもてるように言葉をかけたり、静かな曲をかけて雰囲気づくりをしたりしていた。食事が楽しい時間になるような配慮なのだと思った。 ・こぼしても、意欲的に食べている姿として認め、さりげなく手を添えて食べやすくしていた。 ・卵アレルギーのあるサキのテーブルは、ほかの子どもから離し、保育者がとなりについて食べるように配慮していた。
12:00	・「ごちそうさま」をする。	・終わったら、「ごちそうさまでした」と挨拶をうながす。	・言葉がまだはっきりしていない年齢でも、挨拶を習慣づけているということがわかった。

| 0歳児 | **1歳児** | 2歳児 | 3歳児 | 4歳児 | 5歳児 | 異年齢児 |

睡 眠

何をしているところだろう

睡眠に入るところかな…
- 入園間もないころは午前中に寝る子どももいるが、徐々に午後1回の睡眠になる
- 保育者がそばで寝かしつける
- 眠れない子はだっこやおんぶで寝ることもある
- 子どもが満足できる眠りへの誘い方をする（子守歌や子どもの名前を入れた替え歌、オルゴールの音色、語りかけ、素話など）

室内の環境で配慮することを考えてみよう

- 室温や換気（外気温との差は5℃以内程度）
- カーテンを閉めて落ち着いた雰囲気に
- 布団はできるだけ部屋の中ほどに（棚などから何か落ちてくることも予想して）
- 冷暖房機の風が直接当たらないように
- ベッドに寝かせる場合の柵の高さ（立ち上がっても落ちない高さ）
- 全員が寝ついてもその場を離れないように
- 時々顔をのぞいて様子を確認し、記録するように

眠くなったときのサインはあるの？

- 授乳や食事の後でおなかいっぱいになったとき
- 指しゃぶり、あくび、ぐずりなどが出たとき
- 体が温かくなってきたとき
- お気に入りのおもちゃを持ち出したとき
- ごろごろし始めたとき

実習日誌

時間	子どもの活動	保育者の援助	実習生の動き・気づき
12:30	・絵本を読んでもらう。	・3人の保育者のうち一人が『もうねんね』の絵本を読み聞かせし、そのほかの保育者は、眠くてぐずりだした子どもの対応をする。	・絵本をとても穏やかな口調で読んでいたのは、眠りに誘うための配慮だと感じた。 ・ほかの保育者が、室内の換気や布団の準備をしていたので、一緒に布団敷きを行った。すぐに起きてしまう子や寝るまでに時間がかかる子など、布団の順番も配慮していることがわかった。
13:00	・保育者にうながされて布団に入る。	・「ショウくん、ねんねしようね」「起きたらまたいっぱい遊ぼうね」と語りかけながら、ゆったりとした雰囲気でかかわる。 ・子守歌を静かに歌いながら、まわりの子どもたちの様子を見て対応する。 ・子どものそばに机を出して、話し合いや連絡帳の記入をする。	・保育者のまねをして、子どもが眠れるように背中を優しくさすってみたが、なかなか眠れない様子だった。いつもと違う人が寝かしつけようとしても、落ち着かないのだろうと思った。 ・いつもはなかなか寝つかないショウが、今日は布団に入ってすぐに寝ついたので、保育者が連絡帳を見て「今朝は5時半に目覚めたのね」と話していた。家庭での生活の様子を知ることで、無理のない生活リズムで過ごせるように配慮しているのだとわかった。 ・全員が寝ついた後に、保育者は子どもたちの様子を見ながら子どもの様子を話し合ったり、連絡帳に記入したりしていた。睡眠の時間は保育者にとても大切な時間なのだと思った。
14:30	・ショウは、保育室のカーテンが開くと同時に目覚める。	・目覚めた子どもから起こしていく。	

全日指導計画

8月5日（火）　1歳児　うさぎ組　18名（男児10名・女児8名）

ね ら い	○保育者に見守られながら、一人遊びや探索活動を楽しむ。 ○体調や生活リズムを整えながら過ごす。	内 容	□身近な玩具や遊具でじっくりと遊ぶ。 □登ったり跳んだりして体を使った遊びを楽しむ。 □簡単な身のまわりのことを自分でしてみようとする。

時間	環境の構成	予想される子どもの活動	保育者の援助
7：30	室内の換気、室温を整える のびのびと自分の好きな遊びを楽しめるような安全な環境を整える	順次登園（早朝保育） ・朝の自由遊び ・おむつ交換、排泄、手洗い ・おやつ	・子どもや保護者に明るく挨拶をし、保護者に健康状態や家での様子を聞き、健康観察をする。 ・言葉がけをしたり、スキンシップをしたりしながら、おむつ交換をする。おむつが濡れていない子がいたら、無理のないようにトイレに誘ってみる。
10：00	子どもが興味をもっている遊びが発展するような場所を提供したり、必要なものを用意したりする	・午前の遊び 　一人遊びや運動遊び 　好きなおもちゃで 　探索活動をして 　登ったり飛び降りたりして ➡部分指導計画 p.50	・一人遊びを十分に楽しめるように、適当なおもちゃの数や種類を出すようにする。また、探索活動の邪魔にならないように、床のおもちゃや遊具は整理し、安全に活動できるようにする。 ・友達への関心が出てきて、笑いかけたり片言で話しかけたりしている姿を見守り、互いに楽しく過ごせるようにする。 ・最近、登ったり飛び降りたりすることを楽しんでいるので、一人遊びが一段落したところで、それが十分にできる環境を整える。
11：15		・おむつ交換、排泄、手洗い（手ふき）	
11：30		・食事 ・うがい ➡部分指導計画 p.51	・保育者も一緒に食べ、「うさぎさんも、にんじんが好きなのよ」など、食べようとする意欲が芽生えるような言葉がけをしていく。
12：30		・おむつ交換、排泄、手洗い（手ふき） ・パジャマに着替え	・自分でズボンやパンツを着脱しようとする姿を受け止め、子どものやりたい気持ちを認めながら、見守ったり手伝ったりする。
	静かなCDをかける	・睡眠	・安心して十分な睡眠をとれるようにする。
14：30		・目覚め ・おむつ交換、排泄、手洗い（手ふき） ・着脱	・一人一人の様子を見ながら、優しく声をかけて起こす。
15：20	ゆったりとした雰囲気をつくり、安全に楽しめる環境を整える	・手洗い（手ふき）、おやつ ・午後の遊び	・楽しみにしているおやつの時間を、楽しくなごやかな雰囲気で食べられるようにする。 ・安全面に気をつけながら、ゆったりとした時間が過ごせるようにする。
16：00			
19：00	保育室の整理・整頓をする	順次降園（延長保育）	・保護者に日中の出来事や連絡事項等を話し、挨拶をして見送る。
評価の観点	・保育者は子どもが安定して過ごせるように配慮し、十分に触れ合いながら機嫌よく過ごせるようにできたか。 ・遊びの準備や環境構成は、一人遊びや運動遊びが十分にできるように工夫されていたか。また安全で清潔であったか。		

> 一日の指導計画を立てる場合、園のデイリープログラムを参考にして時間配分を考えていきます。しかし、実際には時間どおりに展開するとはかぎりません。時間がかかったり、早く終わるなど様々な場合を想定し、柔軟に対応できるような心づもりが必要です。

> 評価とは、保育実践の改善を目指して自身で行う自己評価のことです。評価の視点には「子どもの育ちを捉える視点」と「自らの保育を捉える視点」の二つが含まれています。

個別的な計画（8月）

名（月齢）	子どもの姿	育てたい内容	保育者のかかわりと配慮事項
コウイチ（1歳3か月）	・自分で食べたいという気持ちが高まってきている。 ・一人でしっかり立ち、数歩歩く。 ・保育者が行う手遊びや歌に合わせて体を動かしたり、簡単なしぐさをまねしたりする。 ・ビニールプールの中に座り、水面をたたいて「あーあ」などと声を発している。 ・夜泣きをすることがあると連絡帳に記載されていた。睡眠中は目覚めても、そばでトントンすると寝入っていく。	・自分でスプーンを持って食べることを楽しむ。 ・バランスを取りながら数歩歩く。 ・遊びを通して、保育者や友達との簡単なやり取りを楽しむ。 ・自分の気持ちを声や喃語で表現する。 ・水遊びを喜び、その感触に興味をもって楽しむ。 ・安心して一定時間眠り、十分に睡眠時間をとる。	・自分で食べようとする気持ちを大切にしながら、手づかみ食べの経験を重ねる。また、スプーンを持って口まで運ぶことが楽しめるように保育者がそばで援助する。 ・のびのびと動けるような広いスペースと安全な環境を整える。 ・触れ合い遊びのほか、膝の上でわらべうた遊びをしたり、絵本の読み聞かせをするなど一対一のかかわりを多くもつようにし、安心感がもてるようにする。 ・子どもが声を発しているときは丁寧に受け止め、言葉や表情で返していくことで発声や喃語を引き出し、応答することを十分に楽しめるようする。 ・入眠前は絵本を読み聞かせたり、子守歌を聴かせたりして、落ち着いた雰囲気のなかで布団に入ることができるようにする。 ・場面により担当制にし、特定の保育者がかかわることで安心して過ごせるようにする。
ヒロミ（1歳11か月）	・スプーンやフォークを使って喜んで自分で食べようとするが、口にたくさん入れ過ぎてしまうこともある。 ・最近、苦手な食べ物は食べようとしなくなってきた。 ・紙パンツやズボンなどの着脱を「自分で」と言ってしようとするが、まだ難しい。 ・紙パンツが濡れていないときにトイレに誘うと排尿する。 ・覚えたフレーズを保育者や友達と歌ったり、体操のまねをしたりする。 ・低い台を用意すると、登ったり飛び降りたりを楽しんでいる。	・スプーンやフォークで食べ物を適量すくって食べる。 ・いろいろな食材を食べようとする。 ・紙パンツやズボンを自分で脱いだり、保育者と一緒にはこうとしたりする。 ・タイミングが合えば、トイレで排尿する。 ・いろいろな歌や体操、リズム遊びなどを楽しむ。 ・探索活動を楽しみ、自分のやりたいことを見つけて遊ぶ。 ・全身を使って遊ぶことを楽しむ。	・食べようとする気持ちを大切にしながら、スプーンやフォークですくう量を保育者が手を添えて調節し、適量を口に入れられるようにする。 ・自分で食べようとする意欲を認め、嫌いな物を食べないときには保育者が「おいしいな」と言って食べて見せ、自分から食べる気持ちになるようにする。 ・ズボンなどをはきやすい向きに置いたり、少し手伝ったりして、自分でできたという満足感が得られるようにする。 ・トイレで排尿したときは一緒に喜び合い、尿意を感じたら知らせるように伝える。 ・楽しい音楽をかけたり、保育者が歌って聞かせたりして、みんなと一緒に楽しめるように工夫する。 ・好きな場所で遊べるように、危険のないような環境を設定する。

部分指導計画　午前の遊び

8月5日（火）10：00〜11：15　1歳児　うさぎ組　18名（男児10名・女児8名）

子どもの姿	・園庭で保育者に追いかけられることを好み、「キャーッ」と声を出して喜んでいる。 ・歩くことを喜び、保育者と一緒に探索を楽しむ姿が多く見られる。 ・まわりの人や物に興味をもち始め、言葉と物の名前が一致するようになってきた。 ・一人遊びをじっくり楽しんだり、おもちゃがほしいときには声に出して訴えたりする姿が見られる。 ・気温が高い日が続いていて、夏バテ気味の子どももいる。	
ねらい	・夏の暑い時期を健康で快適に過ごせるようにする。 ・保育者や友達と自分の好きな遊びを楽しむ。	内容	・戸外や室内で、好きな遊びをして過ごす。 ・保育者や友達が遊んでいる姿を見て興味をもって近づき、かかわろうとする。

○予想される子どもの活動　◎環境の構成　☆保育者の援助

❶ ○室内遊びを楽しむ。
◎遊具やおもちゃなどに危険な物はないか、汚れていないかなどを確認する。
☆室内外での活発な探索活動を温かく励ます。
☆子どもの甘えや要求、不安などそのときの気持ちを受け止め、スキンシップをとったり、一対一でかかわったりして、安心感をもてるようにする。
☆暑さが厳しいので、こまめに水分補給や着替えをする。
☆保護者と連携したり、保育者間でも情報を共有したりしながら体調に合わせた過ごし方を工夫する。

◎同じおもちゃを多めに用意する。
☆友達のおもちゃをほしがるときには、「貸して、って言おうね」などと、言葉で気持ちを伝えられるように話し仲立ちをする。
☆友達への関心が高まるので、笑いかけたり、片言で伝えたりすることをくみ取って、やり取りが楽しめるようにしていく。
☆室内の適温適湿や、水分補給に留意する。

○探索活動をする。
◎保育者間で連携し、ほかのクラスへの移動も予想して環境を整える。
☆子ども同士がぶつからないようにするなど安全面に配慮し、一人一人の動きに気を配る。

〈室内〉

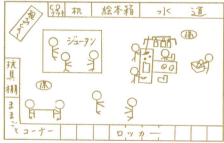

❷ ○戸外で好きな遊びをする。
◎子どものやりたい気持ちや発達段階に合わせて、走る、登る、くぐるなど喜んで体を動かして遊べるような場を確保したり、遊具や用具を準備したりする。
◎砂、土、水などの手ざわりや肌ざわりを楽しめる遊びの素材に触れる環境を整える。
☆気温が高く体力を消耗しやすいので、帽子を被り、涼しい時間帯や場所を考慮し、体を十分に動かして遊べるようにする。
☆そばについて危険のないように見守る。また、「こっちだよ」「ここまで来られるかな？」などと、少し離れたところから声をかけて励ましていく。
☆小石や砂、土などを口に入れないように気をつける。
☆体を十分に使って遊んだ後は、水分補給をして休息をとるようにする。

〈戸外〉❷

部分指導計画 おむつ交換、排泄、手洗い、食事

8月5日（火）11：15〜12：30　1歳児　うさぎ組　18名（男児10名・女児8名）

子どもの姿	・定時におむつ交換をしようとするが、おむつが濡れていない子どももいる。 ・保育者に誘われると、嫌がらずにトイレへ行く子どもが増えてきた。 ・手洗いの際、水道の場所からなかなか離れず、水遊びになってしまう子どももいる。 ・スプーンやフォークを使って自分で食べようとするが、途中で食べ物や食器などで遊んでしまう子どもの姿が見られる。 ・ヘルパンギーナなどで欠席している子どもがいる。		
ねらい	・体調や生活リズムを整えながら、ゆったりと過ごす。 ・排泄や食事など、身のまわりのことを自分でやりたい気持ちを大切に受け止め見守る。	内容	・保育者の誘導でトイレに向かい、排尿の間隔をつかむ。 ・自分から進んで食べようとする。

○予想される子どもの活動　◎環境の構成　☆保育者の援助

◎衛生的で気持ちよく過ごせる環境を整える。
◎室温や湿度をこまめに確認し、定期的に換気や冷房の調整を行う。
◎排泄→手洗い→食事→うがいの流れを、3人の保育者で連携して行えるように場を整えておく。
☆個人差や個々の発達を理解して対応する。
☆一人一人の様子を確認し、異常がないか観察する。

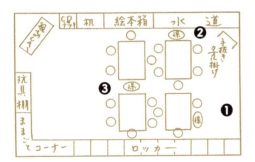

> 保育者間の連携については、園によって、またクラスによって多様なやり方があります。よく観察して学んだうえで、自分はどのような立場で実習を行うのか、指導計画にはどう記述するかを担当の先生に相談し、把握してから指導計画を作成する必要があります。

❶ ○嫌がらずにおむつを替えてもらったり、トイレに行ったりして排泄する。
◎おむつ替えシートやおむつを準備しておく。
◎3人の保育者が連携し、おむつ替えをする、トイレについていく、水道で手洗いの様子を見るという分担をしておく。
☆気分によってはトイレに入ることを嫌がることもあるので、保育者が一緒に入るなどして、少しずつその場に慣れるように配慮する。
◎トイレを嫌がる子どもには、おまるを用意し、保育者がそばについて安心して排泄できるようにする。
☆感染症などの異常も予想されるので、大便処理には注意する。

❷ ○手洗いをする。
◎個々のタオルがかかっているタオル掛けを水道の横にもってきておく。
☆保育者はそばにつき、液体石けんを適量つけて丁寧に洗うことを伝える。

❸ ○食べることを楽しみ、できるだけ自分で食べる。
◎3人の保育者が連携し、座る位置を決める。
☆空腹を感じるように、午前中の過ごし方を工夫する。
☆「自分で食べたい」という気持ちをもてるようにし、こぼしながらも一人で食べている姿を認めて、意欲を引き出していくようにする。

❷ ○食後のうがいをする。
◎食後の挨拶の後、各自のコップを準備する。
☆保育者の一人が水道について、順番に並ぶようにうながし、「ブクブクしようね」と言いながら、うがいの仕方を示す。

練習してみよう

下の場面を記述してみましょう。

何をしているのかな？

配慮していることはどんなことだろう

どんな言葉をかけているのかな？

 **実習日誌**

時間	子どもの活動	保育者の援助	実習生の動き・気づき
12:30	・おむつをはずして、保育者と一緒にトイレに行く。 ・便器に座って排尿する。 ・おむつをはかせてもらう。 ・パジャマを着せてもらう。	・一人一人のおむつをさわってみて、濡れていない子どもには、「トイレに行ってみようね」「シーシー出るかな」などと言ってうながす。 ・トイレでの排泄の仕方（便器に座る、ふく、水を流す）を、丁寧に言葉にしながら伝える。 ・トイレでしてみようと誘っても、嫌がる子どもには無理をせず、「今度○○くんと一緒に行ってみようね」などと楽しみになるような言葉をかける。 ・自分でしようとするときには、その気持ちを大切にし、さりげなく手伝って「できた、できた」と一緒に手をたたいて喜ぶ。 ・脱ぎ着がしやすいようにそでを持ったり、「ズボンを上にあげようね」などと言葉にしたりしながら、着替えの仕方がわかるようにする。	・ ・ ・ ・おむつをはくときだけでなく、保育者は様々な場面で子どもが自分でしようとする気持ちを大切に受け止め、できたときには一緒に喜んでいた。そうすることで、また次も自分でやってみようという意欲につながっていくのだと思った。 ・

Column

実習日誌は「適切な言葉」で

「今日は初めての部分実習だったのですが、頭の中が真っ白になりグダグダになってしまいました」

実習日誌に書かれた、このような文（振り返り・感想）をよく目にします。どこがおかしいのでしょうか。

もちろん、「頭の中が真っ白で」や「グダグダになってしまった」などの表現です。これらは友達同士の会話の際には使いますが、実習日誌などの文章で使うのは適切ではありません。実習日誌などの文章は「日常の会話で使う言葉」ではなく、「書き言葉」でなければなりません。

近ごろ、「日常の会話で使う言葉」と「提出書類などで使う言葉」が使い分けできなくなってきたと言われています。実習日誌を書くにあたっては、提出する日誌にふさわしい言葉になっているかを確認する必要があります。

下に実習日誌に「日常の会話で使う言葉」を使ってしまった例を挙げてみます。どこがおかしいか考えて、適切な言葉に直してみましょう。

❶ ちょっとでも発展するような声かけが大切なんだなあと思った。

❷ 子どもに対して、どの程度どうやって注意したらいいかがやっぱりわからなかった。

❸ 今日は園の生活の流れに慣れるのにいっぱいいっぱいで、ときたましか子どもたちと接することができなかった。

❹ あと、子どもたちは砂場の道具とか自分たちで区別して片づけていた。

❺ 間違えている子があんまりいなくて、すごいよく話を聞いているのかなと思った。

❻ 声かけだけじゃなくて、モデルを示すこともありだなと感じた。

❼ いろいろなルールがごちゃごちゃになってしまった。

❽ 本物みたいなままごとセットがあった。

答え
❶ ちょっとでも→少しでも、多少でも　なんだなあと→なのだと
❷ どうやって→どのように　やっぱり→やはり
❸ いっぱいいっぱいで→精一杯で　ときたま→時々、時折　とか→など
❹ あと→それに、また、そして
❺ あんまり→あまり　すごい→とても、非常に　かな→だろう　ありだなと→大切だと
❻ じゃなくて→ではなくて
❼ ごちゃごちゃになって→混乱して
❽ みたいな→のような

2歳児

2歳児の育ち

2歳児は自我が芽生える時期です。「いやいや期」と言われるように、「いや」「だめ」「自分で」と自己主張が激しくなります。
また、まねっこ遊びが好きで、簡単なごっこ遊びを楽しむようになります。「自分でやりたい」という気持ちを生かした生活づくりをしていくことが大切です。

生活

自分で食事をしたりトイレで排泄したりと自分でできることが増え、基本的な生活習慣が身についてきます。しかし、そのときの気分によることも多く、いつもできるとはかぎりません。その子なりのペースを大事にした生活を心がけていくことが大切です。

遊び

活動範囲が広がるとともに、基本的な運動機能や手指の機能が充実してきます。遊びのなかで十分に体や手指を動かして遊べるように工夫することが必要です。また、見立て遊びや振り遊び、まねっこ遊びやごっこ遊び、簡単な鬼遊びなども楽しむようになります。

春

気持ちが向けば、身のまわりの始末などを自分でやろうとしますし、友達や保育者の名前を呼んだり、簡単な言葉を交わしたりすることを楽しむ様子が見られます。また、みんなで一緒にする手遊びやダンスなどに喜んで参加するようにもなります。みんなで一緒が楽しいと思えるような瞬間を重ねていきます。

夏

開放的な雰囲気のなかで水遊びや色水遊び、砂や泥遊びなど、のびのびと活動する姿が見られます。同じことをして笑い合ったり、伝えたいことを言葉や動作で表現したりしながら、気持ちが通じる喜びを味わうようになります。保育者が気持ちを受け止めることで、共感し合う心地よさを感じるようになります。

| 0歳児 | 1歳児 | **2歳児** | 3歳児 | 4歳児 | 5歳児 | 異年齢児 |

実習生の心構え

この時期は、子どもの意志が育ち、その意志のおもむくままにいろいろなことをしようとします。しかし、実際には技能が伴わず、危険なこともあります。大きなけがにつながらないよう注意することが必要です。

秋

　保育者が手を貸さなくても、簡単な身のまわりのことは自分でできるようになってきます。それを保育者が認めていくことで達成感を味わい、自信をもつようになります。言葉の数も増え、遊びのなかで会話を楽しむ姿も見られます。保育者が仲立ちすることで、相手の気持ちにも徐々に気づくようになります。

冬

　鬼遊びやかくれんぼなど、みんなで一緒の遊びを楽しむなかで、友達とのかかわりが活発になってきます。少しずつ遊びのなかの簡単な約束事を意識することもできるようになります。できたことを十分に認められることで、意欲的に生活します。大きくなり、進級することを楽しみにする姿が見られます。

2歳児の生活

登ったり降りたり

何を楽しんでいるのだろう

登ったり、降りたり、座ったり、歩いたり…
- 運動能力が発達し、できることが増えてくる
- いろいろな動きができることが楽しい
- 何でもできる（と思う）ことが誇らしい

友達のまねをして…
- 同じことができるのがうれしい

保育者が配慮することは何だろう

「何でもできる」と思っている時期なので…
- 急に高いところから飛び降りようとする
- 築山などから走り降りて体のコントロールができずに転んだりする

よく見ていることが大切
- 無理なことをしないように
- 大きなけがにつながらないように
- 挑戦することが嫌にならないように

Point　保育者の助言を生かして

保育者から受けた説明や助言などは、できるだけ日誌に反映して記述しましょう。記述することによって、その内容の理解が深まりますし、もし間違って捉えていたときには指摘してもらうことができます。そのときには、きちんと修正（どこが間違っていたかがわかるように色を替えるなどして）しておくことが大切です。

実習日誌

時間	子どもの活動	保育者の援助	実習生の動き・気づき
8:50	・靴にはき替えたヒロミが走り出し、ブロックに登る。その上を行ったり来たりして歩き、できることを見てほしそうに実習生を見る。 ・あとからやってきた子どもたちも手を広げて歩いたり、登ったり降りたりして「こんなことができるんだよ」と言っているようにこちらを見る。 ・座っている子どもに「どいて」と言う。 ・友達のまねをして手を広げて歩いたり、登ったり降りたりを繰り返している。	・一人一人に声をかけながら、できるだけ自分で靴をはき替えることができるように援助している。 ・「いってらっしゃい」と、準備ができた子どもたちを送り出している。 ・少し離れたところから様子を見ている。 ・ジャンプをして降りたときに拍手をしたり、「すごい、すごい」と認めたりする。	・ヒロミと一緒に戸外へ出て後ろを走っていく。ヒロミがブロックの上を行ったり来たりして、認めてほしいという表情でこちらを見たので、「ヒロミちゃん、すごいね。上手に歩けるね」と言う。 ・一人一人に「ピョンって飛び降りられるのね」などと声をかけ認める。2歳児は、「自分で」の自己主張が激しく、「できることが増えていくのがうれしい」時期であると授業で学んだが、このような姿なのだと思った。一人一人が誇らしい顔をしていたのが印象的だった。 ・後で保育者に「だからこそ、いろいろな危ないこともしようとするので目が離せない時期でもある」ことを伺い、気をつけて見ていかなければならないと思った。 ・友達が手を広げて歩くと、それをまねする子どもがいたり、登ったり降りたりをまねする子どもがいたりと、子ども同士影響し合いながら遊んでいた。 ・ブロックが並べてあるだけなのだが、いろいろな運動遊びを誘発しているのだと、あらためてわかった。

| 0歳児 | 1歳児 | **2歳児** | 3歳児 | 4歳児 | 5歳児 | 異年齢児 |

砂場でのやり取り

★ なぜ泣いているのかな？

- 砂場で山を作っている場面らしい
- ほかにも子どもたちがいるな
- スコップを使って遊んでいるみたいだな
  → ほかの子どもと同じスコップが使いたくて泣いているのだろう

★ 保育者はどんなことに配慮しているのだろう

- 感情を表出している姿を受け止め、十分に自分の思いが表せるように
  「これがほしかったんだね悲しかったね」などと思いを言葉に置き換えながら共感する
- 徐々に気持ちを切り替えたり立て直したりできるように
  自分で気持ちを切り替えることができたときに、乗り越えられたことを認める

★ どんな育ちなのだろう

- 徐々に言葉で要求することができるようになってくる
- 強く自己主張する姿が見られる
- 思うようにならないと、激しく泣いたり、相手をたたいたり、すねたりすることがある
- 友達と同じものをほしがったり、同じことをしようとする

📖 実習日誌

時間	子どもの活動	保育者の援助	実習生の動き・気づき
9:20	・砂場でマサトがうろうろしている。やがて大きな声で泣き始める。 ・保育者から声をかけられたが、ますます大きな声で泣く。 ・保育者に聞かれて、うなずく。 ・スコップを受け取る。「ありがとう」と小さな声で言う。	・「マサトくん、どうしたのかな。スコップがないって泣いてるの？」とマサトの顔を見ながら話す。 ・「そうか、そうか、泣きたくなっちゃったよね」と優しく言う。「でも、泣いてるだけだとわからないよ。スコップがほしいの？」と再度言う。 ・「大きいスコップがいいのね。みんな使っているから、先生のを貸してあげるね」「はい、どうぞ」と差し出す。 ・「どういたしまして。ありがとうって言えてえらいね」と認める。	・マサトが大きな声で泣き始めたので、何があったのかと思ったが、友達が持っていたスコップがほしかったようである。 ・月齢が低く、自分のしたいことやほしいものを言葉で言えないマサトに対して、保育者は泣いている姿を認めたうえで、「でも、泣いているだけではわからないよ」と続けていた。このような積み重ねが、この時期には大切なのだと思った。 ・同じ2歳児でも、月齢によって育ちの様子がかなり違うと思った。2歳児までは一人一人の個別指導計画があると聞いたが、必要なことなのだと実感した。
10:00	・スコップを持って砂遊びを始める。		・スコップを持ってからは、マサトは長い時間、砂を運んで遊んでいた。同じような動きをしている友達の様子をまねしながら遊んでいる様子が見られた。

着脱

何て言っているのかな？

「ほら見て、自分でできるよ」
「お兄さん（お姉さん）になったでしょ」
「○○ちゃんもはけたね」
「これで大丈夫かな」

保育者はどんなかかわりをしているのだろう

自分でやろうとしているときには…
- 時間がかかっても手を出さずに見守る
- さりげなく手を貸し、自分でできたという気持ちになるようにする

できたときは…
- 十分にほめて自信がもてるようにする

「できない、やって」と言ってきたときは…
- できない部分を見極めて手伝う
- 様子を見て、やってほしいという気持ちに寄り添うこともある

> **Point 一人一人の育ちを探って**
> 「自分で」と主張する姿や、「やって」となかなか自分でやろうとしない姿など様々な姿が見られるときに、一人一人へのかかわり方の違いを観察することで、育ちを捉えることにつながります。

実習日誌

時間	子どもの活動	保育者の援助	実習生の動き・気づき
10:20 10:40	・戸外から保育室に戻ってくる。 ・トイレに行ったり、手洗い、うがいをしたりする。 ・着替えの袋をもってきて、着替えをする。 ・ソウタがズボンをはこうとしている。何とか自分でやろうと座ってズボンに足を通す。	・「おかえり」「いっぱい遊んで楽しかったね」「トイレに行きましょう」「手を洗えるかな」などと一人一人に声をかけながら様子を確認している。 ・「ソウタくん、上手にできたね」と語りかけながら、難しそうな後ろの部分を少し手伝っている。 ・自分ではこうとしている姿を見守りながら、「パンダさんがついてるほうが前だよ」とわかりやすく伝えていく。	・戸外から保育室に戻ってくると、着替えをする環境が整っていた。一足早く保育室に戻った保育者がいたのは、この環境を整えるためだったのだと思った。このような保育者の連携が大切だと思った。 ・保育者はソウタが自分ではこうとしている姿を見守りながら、はきやすくなるような手助けをさりげなくしていた。そのことでソウタは「自分でできた」という思いをもち、とてもうれしそうな顔をしていた。 ・私もそばに行って、「足、入ったね」「ズボンを引っ張ってごらん」と着替えをしている子どもたちに声をかけてみた。みんな一生懸命にやっていた。「上手にできたね」などと子どもの気持ちに共感するような言葉がけをするようにした。

見立て・つもり遊び

何を話しているのかな？

「ごはんできましたよ。はいどうぞ」
「もぐもぐ。おいしいね」
「もっとください」
「こんどはおかず、もってきたよ」
「ありがとう。おかわりください」

食事の再現

保育者が配慮しているのはどんなことだろう

見立てやつもり遊びが十分にできるように…
- 見立てて遊べるようなものの工夫（段ボールのテーブル、おわんやお皿など）

一人一人の見立てやつもりを受け止めて…
- 見立てやつもりを言葉にする
- 子どもの動きをまねしながら共感する

実習日誌

時間	子どもの活動	保育者の援助	実習生の動き・気づき
10:50	・コウタが茶碗を持ってきて、段ボール箱をテーブルにし並べ始める。 ・サトシがそばに来ると、コウタが「ごはんできましたよ」と言う。 ・コウタが食べ物に気がつき、お皿にのせる。二人で「いただきます」「おいしいね」「もぐもぐ」などと言いながら食べる動作を繰り返す。	・コウタの様子を見て、コウタのそばにおもちゃの食べ物が入った箱を出す。 ・子ども同士のやり取りを見守ったり、「おいしいですか？」と声をかけたりする。 ・食べるまねをして「コウタくんおいしいね」と顔を見て話し、「うん」とうなずくのを見て、「おいしいね」とまた繰り返す。サトシが「もぐもぐ」と言って食べている動作を保育者もまねする。「おかわりください」と見立て遊びが継続するように言葉をかける。	・コウタがお茶碗やお皿を段ボールのテーブルに並べ始めたことに気づいた保育者が、さりげなくおもちゃの食べ物が入った箱をテーブルの近くに置いた。見立て遊びが十分にできるように配慮したのだと思った。 ・コウタはまだ言葉でのやり取りが少ないが、保育者はこのような遊びのなかで言葉のやり取りができるように仲立ちをしているのだと感じた。また、保育者が同じ動きをまねしたことがとてもうれしそうで、何度も繰り返していた。 ・2歳ごろになると、生活のなかで見たものや印象に残ったこと、好きなことなどを覚えていて、遊びのなかで再現すると授業で聞いたが、このことなのだとわかった。何度も繰り返す様子を見ていて、子どもたちはこの見立て・つもり遊びが大好きだと知った。そして、これが今後のごっこ遊びにつながっていくのだと思った。
11:10			

順 番

何をしているのだろう

子どもたちが並んでいるということは…
- 順番を待っているのかな

保育者が子どもを止めようとしているので…
- 「ここで待っていようね」などと声をかけているのかな

保育者はなぜ止めようとしているのかな？

- 「ぼくが1番！」と割り込もうとしている子どもに、みんなで遊ぶときのルールを知らせているのかな
- みんなで一緒に楽しく遊ぶ機会をつくることで、ルールを守って遊ぶことを経験させたいと考えているのかな
- 相手の気持ちも少しずつ想像することができるように、「〇〇ちゃん、追い越されると嫌なんだって」などと声をかけているのかな

「順番」がわかるのはいつごろなんだろう

- 順番の必要性が理解できる
- 「待っていれば自分の番が来る」という見通しがもてる
- 相手の気持ちが想像できる
  → 2〜3歳ごろかな。でも個人差があるかもしれないな

実習日誌

時間	子どもの活動	保育者の援助	実習生の動き・気づき
11:15	・マサトが「滑り台やりたい」と、昨日のこと（雨天時に遊戯室の滑り台で遊んだ）を思い出して保育者に話す。 ・マサトが真っ先に滑り始める。 ・滑り終えると、並んでいる子の前に入り、階段を登ろうとする。 ・滑り終えると、また列の前に入ろうとする。 ・何度も繰り返し滑っては、また列の前に入ろうとする。	・「マサトくん、昨日の滑り台やりたいのね。みんなも行きたいかな」と声をかける。みんなで遊戯室に移動し、滑り台を準備する。 ・「マサトくん、順番だよ」と声をかけても横入りするので、「こっち、こっち」と誘導して列に並ばせる。 ・順番が来ると「ほら、マサトくんの番だよ」と話し、順番を守れたことを認めている。 ・保育者も繰り返し「マサトくん、順番」や「ここで待ってようね。マサトくんはヒロちゃんの次だよ」などと声をかけたり、手をつないで一緒に待ったりしている。	・子どもたちの後から移動し、滑り台を準備する。保育者から滑り台の下にマットを敷くようにと話があったので、マットを用意し敷く。安全への配慮なのだと思った。 ・最初から並んで順番を待っている子どももいれば、「ぼくが1番」と言って順番など関係なしという様子でどんどん前に入っていく子どももいて、育ちや経験の差を感じた。 ・保育者は前に入っていこうとするマサトに対して「こっち、こっち」と誘導し、「みんな待ってるでしょ。追い越されると嫌だって」や「待ってようね。順番、順番」と話し、一緒に待っていた。 ・マサトは何度も横入りしようとしていたが、保育者はその度に叱るというのではなく、明るい調子で「順番、順番」「マサトくんはこっち」などと言いながら一緒に待っていた。「自分が1番」の時期であるし、個人差もあるので、繰り返し話しながらみんなで遊ぶときのルールを無理のないように示しているのだと思った。
11:30			

| 0歳児 | 1歳児 | **2歳児** | 3歳児 | 4歳児 | 5歳児 | 異年齢児 |

絵本

絵本の読み聞かせで育まれるものは？

- 触れ合うことで
  →だっこで安心、心地よい関係、スキンシップ
- 同じ絵を見ることで
  →共感、会話やうなずき、言葉の獲得

どんな絵本がいいのだろう

- 育ちに合っている（絵やストーリー、言葉）
- 一人一人の興味や関心が満たされる（様々な分野）
- 好奇心が生まれる（多様な種類）
- 遊びにつながる（探索、ごっこ遊び、製作、歌）

絵本は保育室のどこにどのように置かれているだろう

- すぐに手にすることができるように　低い本箱
- 表紙を見て選べるように　表紙が見える展示
- 育ちや季節に応じて　絵本の入れ替え

Point 遊びの展開のヒント

2歳児になると、簡単なストーリーがあり言葉にリズムが感じられる絵本を好むようになります。繰り返し読んでいると、言葉をまねたり動作をつけたりする姿が見られます。そのようなときに、登場人物のお面を用意しておいたり保育者が役を演じたりすると、絵本の世界で楽しく遊ぶことができます。

実習日誌

時間	子どもの活動	保育者の援助	実習生の動き・気づき
15:30	・絵本が大好きなユウスケは、お気に入りの働く車の絵本を本箱から取り出してきて、繰り返し見ている。 ・ショウが『おおきなかぶ』の絵本を持って、保育者に「これ」と差し出す。読み始めると自然と保育者のひざの上に座る。 ・保育者のまわりに数人が集まってくる。	・そばで見守り、ユウスケの言葉にうなずきながら「よく知っているね。ユウスケくん、すごいね」と笑顔で言葉をかける。 ・「ショウくんの好きな絵本ね。一緒に読もうね」と読み始める。 ・読んでいるときに子どもが絵を指さすと、「おじいさんだね」や「こんどは誰を呼ぶのかな」などと話したり、「うんとこしょ、どっこいしょ」と一緒に引っ張るまねをしたりする。 ・読んでいる間も、まわりの子どもに気を配り、目で合図をしたり、声をかけたりする。	・ユウスケが絵本の車を指さしながら「クレーン車」「トラック」などと口に出しているのを見て、繰り返し見ているなじみの絵本であることがわかった。このようにして子どもはいろいろなものの名称を覚えていくのだと、あらためて感じた。 ・ユウスケは保育者に見守られていることを感じ、安心して一人で絵本を見ていたのだと思った。 ・ショウはまだ言葉があまり出ていない子どもだと聞いていたが、絵本を見ながら指をさして言葉を発したり、保育者と一緒に掛け声をかけたりするなど、自然に言葉を発していた。このような積み重ねがこの時期には必要なのだと思った。 ・「読んで」ともってきた子どもがいたので、『いないいないばあ』を一緒に読んだ。「ばあ」のところでうれしそうに顔を見ながら声を出す様子を見て、絵本はコミュニケーションの道具だと授業で聞いたが、まさにそうだと思った。 ・年齢や季節に合った絵本を子どもが選びやすく取り出しやすい本箱に用意していることで、絵本が身近な環境になっていると感じた。
16:00			

全日指導計画

7月16日（水）　2歳児　すみれ組　18名（男児10名・女児8名）

ねらい	○見立てたり何かのつもりになったりして遊ぶことを楽しむ。 ○保育者に見守られたり手助けされたりしながら、身のまわりのことを自分でしようとする。	内容	□おもしろそうな遊びに自分からかかわる。 □保育者や友達のまねをしながらごっこ遊びをしたり、表現遊びをしたりする。 □のびのびと体を動かして遊ぶ。 □排泄、着脱、手洗いなど、自分でできることを繰り返し行う。

時間	環境の構成	予想される子どもの活動	保育者の援助
7:30	園庭を掃除しながら危険な物がないか確認する。室内の換気を行い、室温を整える 好きな遊びが十分にできるよう環境を整える	○順次登園（7:30〜8:30は遊戯室で早朝保育） ・すみれ組の保育室に移動 ○保育室で好きな遊び ・電車や車 ・ままごとやお店屋さんごっこ	・一人一人に笑顔で挨拶をし、楽しい気持ちで一日が始められるようにする。 ・保護者に家庭での様子を聞き、健康状態を視診する。 ・大きめの空き箱や牛乳パックを利用して車や電車を置く場所を作り、見立てて遊べるようにする。 ・ままごとやお店屋さんごっこなどを通して、少しずつ友達とのかかわりが増えてきている。思いが伝わらないときは保育者が仲介する。
9:40		○戸外遊び（園庭） ・砂場 ・虫探しなどの探索活動 ・運動遊び	・天気がいいときには室内の遊びの様子を見ながら、徐々に戸外へ誘うようにする。探索活動や体を動かして好きな遊びが十分にできるようにする。
10:30		○片づけ ○排泄、うがい、手洗い	・砂場の道具など使ったものを種類ごとに分けて、かごに入れるよう言葉をかけ、できたときには認める。
11:00	いすを用意する いすを片づけ、広い空間をつくる	○集まり ・挨拶 ・名前を呼ばれたら返事 ・「キャベツのなかから」の手遊び ○「ロケットにのって」の表現遊び ・『そらののりものえほん』の絵本を見る ・「ロケットにのって」の歌に合わせて表現遊びをする ・ロケットになって遊ぶ	・名前を呼ばれて返事することを楽しみにしている。一人一人の顔を見ながら名前を呼ぶ。欠席者がいたら「どうしたのかな」と話し、友達を意識できるようにする。 ・同じイメージで遊ぶことを楽しんでいる姿が見られるので、絵本を見たり、「ロケットにのって」の歌に合わせたりして、みんなでロケットになって遊ぶ。
11:30 12:30	机、いすを配置する 静かなCDをかける	○食事　➡部分指導計画 p.64 ○歯みがき、手洗い、排泄 ○睡眠 ・パジャマに着替える ・絵本を見る	・一人一人に応じて食べる量を加減して配膳し、「全部食べた」という満足感が味わえるようにする。 ・一緒に食事をしながら「おいしいね」と共感する。 ・脱いだ衣服を整理できるように、各自のマークがついたかごを用意しておく。また、さりげなく着脱の手助けをして、「自分でできた」という気持ちが得られるようにする。
14:30		○目覚め ・着替え、排泄、手洗い ・着脱	
15:20	保育室の整理・整頓	○手洗い ○おやつ　➡部分指導計画 p.65 ・うがい ・午後の遊び	・「今日のおやつは何かな」とおやつを楽しみにしている様子が見られる。安心した雰囲気のなかで楽しく話をしながら食べられるように配慮する。 ・本日の遊びや生活の様子を保護者に伝え連携を図る。 ・暑くなってきたので、汗ふきタオルや着替えを多めに持参していただくように伝える。
16:00 19:00		順次降園（延長保育）	
評価の観点	・十分に見立てたり、つもりになったりして遊ぶことを楽しんでいたか。 ・身のまわりのことを自分でしようという気持ちになるような声かけや環境の配慮ができたか。		

> 評価の観点は、保育が終わってから保育を振り返るとき「どんな観点で振り返るか」を、指導計画を立てる際に、あらかじめ書いておくものです。「ねらい」に基づいて振り返ることが大切です。

個別的な計画（7月）

名（月齢）	子どもの姿	育てたい内容	保育者のかかわりと配慮事項
マサト（2歳3か月）	・食後に口のまわりや手が汚れていることが多い。 ・トイレでの排泄に慣れ、「トイレ行く」などと言えるようになってきた。 ・自分で着替えをしようとするが、うまくできないと悔しくて泣くこともある。 ・言いたいことを言葉にできず泣くことが多い。また、思いを通そうとして、とっさにたたいたり、押したりすることがある。 ・手洗いのとき、水遊びになってしまうことがある。	・食事中や食後に、濡れたおしぼりで口のまわりや手を自分でふこうとする。 ・トイレでの排泄の仕方を覚え、進んで行くようになる。 ・衣服の着脱を意欲的に自分でしようとする。 ・友達との遊びのなかで、言葉でのやり取りを楽しめるようになる。 ・手洗いの意味がわかり、きれいになった気持ちよさを味わう。	・汚れているときには自分でふくことを伝え、自分でふけたときには認める。 ・自分から言ってきたときには、「自分で言えて偉いね」と認め、方法を伝え、自分でできるところを増やしていく。 ・着脱の際、「ここを引っ張ってごらん」「先生と一緒にしようね」などと言葉がけをしながら丁寧に対応するようにし、自信がもてるようにする。 ・泣きたい気持ちを受け止めたり、「マサトくんも一緒に遊びたかったんだね」「使いたかったのかな」などとかかわりたい気持ちを代弁したりする。また、「貸してって言うといいよ」と繰り返し伝えたり、保育者が仲立ちになったりしながら、みんなで遊ぶおもしろさを経験できるようにする。 ・「石けんつけてバイ菌をやっつけようね」「おなかが痛くならないようにしっかり洗おうね」などと声をかけ、手洗いの意味がわかるようにする。
コウタ（2歳11か月）	・スプーンやフォークの持ち方や、皿の支え方がわかってきて、「こうだよね」と言って自分でできることをうれしそうに保育者に知らせる。 ・衣服の裏返しや後ろ前がわかるようになり、自分で直そうとするが、うまくできないと保育者にやってもらいたがる。 ・見立て・つもり遊びを好み、好きな友達を誘って遊ぶ様子が見られる。 ・保育者が製作の準備をしていると、「早くやりたい」と喜んでやろうとする。	・スプーンで上手に食べることや皿に手を添えること、姿勢よく食べることなどが身につくようにする。 ・衣服の裏返しの直し方を知り、自分でしようとする。 ・様々な道具や材料を使って遊ぶ。 ・指先を使って製作する。	・食事のときは保育者がそばについて、「上手に持ってきれいに食べられたね」などと共感した言葉がけを繰り返す。また、保育者がモデルになるように心がけていく。 ・身のまわりのことができたときには、「すごいね、自分でできたね」などと自信がもてるような言葉がけをする。 ・コウタが見立てたり、つもりになって遊んでいることを保育者もまね、まわりの友達に伝わるようにする。また、空き箱や段ボール、ままごと道具などを準備しておき、必要なときに提示できるようにする。 ・ちぎりやすい大きさの紙を用意しておき、ちぎり紙を楽しんだり、ヒマワリの花をクレヨンで染めたりする遊びを取り入れる。

部分指導計画 「ロケットにのって」の表現遊び

7月16日（水）11：00～11：30　2歳児　すみれ組　18名（男児10名・女児8名）

子どもの姿	・梅雨期を元気に過ごし、アジサイやカタツムリなどこの時期の自然にも興味を示していた。 ・保育者や友達とのやり取りや触れ合いを喜び、好きな遊びを十分に楽しむ姿が多く見られる。一方で、自己主張が強くなり、玩具の取り合いなどが起こりやすくなっている。 ・保育者や友達と一緒に歌ったり踊ったりするなど、みんなで一緒にする遊びも好むようになってきた。		
ねらい	・名前を呼ばれたら返事をし、友達や保育者の名前に興味をもつ。 ・つもり遊びを通して、保育者や友達とかかわって遊ぶ楽しさを知る。	内容	・自分の名前を呼ばれたら返事をしたり、友達の返事を聞く。 ・ロケットになって走り回ることを楽しむ。

〇予想される子どもの活動　　◎環境の構成　　☆保育者の援助

❶
- ◎いすを円形に並べる。
- 〇保育室に集まり着席する。
- ☆保育者は子どもに、好きな席に座っていいことを伝える。
- 〇皆で挨拶をする。
- ☆明るくなごやかな雰囲気をつくる。
- 〇名前を呼ばれたら返事をする。
- ☆一人一人の表情を見ながら、ゆっくり名前を呼び、友達の返事にも関心がもてるようにする。また欠席している子どもの話をし、いない友達にも気持ちが向けられるようにする。
- ☆子どもが上手に返事ができたことを認め、自信がもてるようにする。
- ☆子どもたちに保育者の名前を呼んでもらい返事をすることで、保育者とのやり取りを楽しめるようにする。
- 〇みんなで「キャベツのなかから」の手遊びをする。
- ☆月齢差があるので、ゆっくり行う。
- ☆保育者が明るく楽しそうに行うことで、手遊びの楽しさがより増すようにする。

- ◎絵本『そらののりもののえほん』を準備する。
- ☆全員が見える位置を確認する。
- 〇絵本を見る。
- ☆読み終わったら保育者は、「さあそれでは、みんなでロケットに乗って宇宙に出発しましょう」と誘う。
- ◎それぞれのいすを保育室の隅に片づけることを伝える。

❷
- ◎広い空間をつくる。
- 〇みんなで「ロケットにのって」の表現遊びをする。
- ☆ピアノで「ロケットにのって」の曲を弾き、保育者が歌って聞かせる。次に遊び方を示し、子どもがまねしやすいように保育者が動いてみせる。
  2、3回繰り返した後に、再びピアノを弾く。最後にカウントダウンして、「0」と同時に自由に走り回る合図をする。
- 〇頭上で両手をつけてロケットの形をつくり、自由に走り回る。
- ☆次回に期待をもたせながら終了し、水分補給をする。

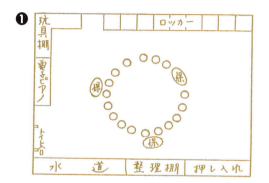

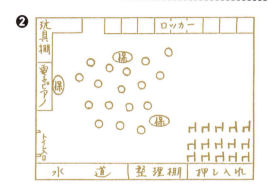

部分指導計画 睡眠

7月16日（水）12：30〜14：30　2歳児　すみれ組　18名（男児10名・女児8名）

子どもの姿	・生活の流れを理解し、次にすることがわかるようになってきている。 ・「おにいちゃんパンツ（トレーニングパンツ）かっこいいね」と保育者が言うと喜んでいるが、トレーニングパンツが濡れていても、そのまま遊んでいる子どももいる。 ・パンツやズボンをはくときに、「こっちが前？」「こっちでいいの？」と前後を気にして聞いたり、うまくはけないときに「できない」と知らせたりするようになってきた。		
ねらい	・生活の流れに沿って、安定して過ごす。 ・保育者に見守られ、安心して眠り、十分に休息をとる。	内容	・保育者の言葉がけや手伝いで、自分でトイレに行ったり着替えたりする。 ・安心して一定時間眠る。

○予想される子どもの活動　◎環境の構成　☆保育者の援助

❶ ◎当番の保育者は布団を敷く。
◎各自のかごにパジャマやおむつを準備する。
❷ ◎おむつ替えシートを広げておく。
○睡眠の準備をする。
○おむつを替えてもらったり、トイレに行って排泄する。
◎3人の保育者が手分けして、おむつ替え、トイレについていく、パジャマに着替える援助と分担する。

❸ ○パジャマに着替える。
☆着替えは、「自分で」という思いを大切にし、さりげなく援助して、「自分でできた」という満足感を味わえるようにする。
○パジャマに着替えた子どもから絵本棚に行き、それぞれがお気に入りの1冊を選んで、自分の布団のところにもってきて見る。
◎全員がパジャマに着替え終わったところで、それぞれの絵本を片づけ、保育者が絵本の読み聞かせをする。
☆静かで落ち着いた雰囲気のなかで、ゆったりとした語り口で読むように心がける。
☆「これを読み終わったら、ねんねしようね」と見通しがもてるような言葉がけをする。
◎その後、スムーズに入眠できるように、静かな音楽を流したり、子守歌を口ずさんだりする。

❹ ◎温湿度計を見ながら、室温25〜28℃、湿度40〜60％を保ち、風通しなどに配慮しながら、快適に過ごせるようにする。
◎保育室をやや薄暗くする。
☆一人一人の眠るときの様子（指しゃぶりや安心できる物を握るなど）を把握する。
○一定時間ぐっすりと眠り、休息をとる。
☆途中で目が覚めそうになった子どもには、胸をトントンしたり、安心する言葉をかけたりする。
☆睡眠中も3人の保育者間で連携し、一人は眠っている子どものそばを離れずに、度々寝顔をのぞき様子を確認する。
☆目覚めの悪い子どもには、優しく言葉をかけたり、スキンシップをとったりしながら、機嫌よく起きられるように配慮する。

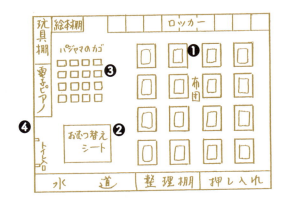

練習してみよう

下の場面を記述してみましょう。

何をしているのかな？

どんなことに配慮しているのだろう

どんな言葉をかけているのかな？

実習日誌

時間	子どもの活動	保育者の援助	実習生の動き・気づき
10:30	・丸い紙に自分の好きな色を塗って、とんぼのめがねを作る。 ・昨日の好きな遊びで使っていた、とんぼの羽をつける子どももいる。 ・「私もつける」などと保育者に言い、つけてもらう。 ・靴をはき、戸外に出る。保育者のまねをして「とんぼのめがね」を歌っている。	・机の上にとんぼのめがねを作るための丸い紙とお面の輪を用意しておく。 ・「とんぼのめがねは水色めがね……」と歌いながら、「先生は水色のめがねにしようかな」などと声をかけている。保育者もとんぼのめがねを作り、頭にかぶる。 ・とんぼの羽をつけたいという子どもに対応できるように、カラーポリ袋を羽の形に切り、あらかじめ用意しておく。 ・保育者もとんぼの羽をつけ、「みんなできたかな」「できたら飛んでお散歩に行きましょう」と誘う。 ・身支度を手伝いながらも「とんぼのめがね」を歌い、楽しい雰囲気をつくっている。	・
11:00	・すぐ近くの公園に行き、保育者と一緒にとんぼになって飛んだり、落ち葉で遊んだりする。	・子どもと一緒にとんぼになって飛んだり、「落ち葉を見つけたわ」と言って落ち葉遊びをしたりする。	

Column

子どもの言葉

　ある春の日、こんなことがありました。
　園庭でタンポポの花をしきりに摘んでいる2歳児がいます。「タ・ン・ポ・ポ！」「タ・タ・ン・ポ・ポ！」と口ずさんでは走り寄って一輪ずつ摘んでいます。その声はちょっとぎこちない感じはするもののリズミカルで、何だかこちらも楽しくなってきます。しばらくタンポポ摘みに夢中になっていましたが、その間ずっと「タ・ン・ポ・ポ」とつぶやいていました。
　その光景があまりにも印象的だったので、降園時にお母さんにその話をしました。「タンポポが好きなんですね」と言うと、「そうなんですよ。つい2、3日前にタンポポって覚えたばかりなんですが、それから車の中でも道端のタンポポを見つけると、ずっとタンポポって言っているんですよ」と話してくれました。
　なるほど……。その子は黄色い小さな花に「タンポポ」という名前があることを初めて知ったのです。それと同時に、木や草にはそれぞれに一つずつ名前があると気づいたのでしょう。そのとたん、まわりの環境が今までと違って見えてきたのだと思います。
　「子どもと懇意な草」（倉橋、1996）というエッセイに次のような一節があります。

　その気のおけない、いつから親しくなったというでもない懇意な草に、それぞれ名前があると知った時、子どもは一層なじみ深いものになる。又、その無頓着な草に、一つ一つ個性があり、種々の習性さえあると知った時に草の銘々への交わりが一段と濃密なものになる。草は草でも、いろいろと、それぞれ違ったお友達になってくれるからである。
　草の名を子どもに知らせるのは、植物学の知識のためではない。友達の名を知って、一層懇意を加えるためである。子どもが親しい友達の出来た時、君の名なんていうのとすぐ聞きたがる、あの親しさに他ならない。

　子どもは実体験を通して、いろいろなものの名前や言葉を覚えます。子どもが覚えた言葉のなかには、子どもの体験やその体験で得た感情が隠れています。
　子どもが話す言葉を注意深く聞き取り、その意味を探ることで、その子どものこれまでの経験や思いを察することができるかもしれません。

3歳児
3歳児の育ち

全身のバランスがとれるようになり、
活発になって運動量が増えてきます。
想像力が広がり、様々なイメージのなかで遊ぶことも多くなります。
言葉で自分の気持ちを言えるようにもなってくるので、
子どもの思いをしっかりと受け止めていくことが大切です。

生活

園での生活の仕方がわかってきて、身のまわりのことを自分でしようとします。保育者はできたことを認めながら、できることを増やしていけるようにうながしていきます。個人差が大きい時期なので、育ちをしっかりと把握した対応が必要です。

遊び

保育者や友達と好きな遊びを楽しむなかで、友達と一緒にいることが楽しくなってくる時期です。自分のやりたいことができる満足感を十分に感じられるようにすることが大切です。

春

　生活経験によって個人差が非常に大きいのが3歳児です。初めて集団生活を経験する子どもにとっては不安やとまどいがたくさんあります。保育者を頼りにしながら、いろいろなものに触れたり、一緒に遊んだりするうちに自分の好きなことができる楽しい所だということが少しずつわかってきます。

夏

　気持ちが安定してくると、何でもやってみたいという意欲が出てきて、様々な遊具や材料に興味をもってかかわるようになってきます。保育者や友達と遊んで楽しかったという経験から、気の合う友達と一緒にいることが好きになります。また、自分の体をコントロールできるようになり、運動量が増えてきます。

| 0歳児 | 1歳児 | 2歳児 | **3歳児** | 4歳児 | 5歳児 | 異年齢児 |

実習生の心構え

子どもが安心感をもって生活できるように援助することが大切です。一人一人の思いを探りながら接していきましょう。また、できることが増えていくのがうれしい時期なので、自分でしようとしている姿を認め、「自分でできた」と達成感をもてるようにかかわることが大切です。

秋

　園での生活に慣れてくると、友達と遊ぶことを楽しむようになり、同じ場所で同じものを身につけるなどして様々なごっこ遊びを楽しみます。保育者にしてほしいことや困ったことなどを自分なりに伝えようとする姿も見られるようになります。喜んで運動遊びをし、みんなで一緒にかけっこをしたり簡単なルールのある遊びをしたりすることも楽しんで行うようになります。

冬

　何がどこにあるかがわかるようになると、気の合う友達と気に入った場所で遊ぶようになってきます。遊びに必要なものを見よう見まねで作ったり、必要なものを保育者に伝えたりしながら遊ぶ様子も見られます。けんかが増える一方で、友達の気持ちを理解できるようになり、心配したり共感したりすることも増えてきます。

3歳児の 生活

水族館ごっこ

★ 子どもたちは何を楽しんでいるのだろう

同じ動きをしているということは…
- 互いにまねをすることが楽しいのかな
- 保育者と一緒の動きをすることが楽しいのかな

`健康` `表現`

同じお面をつけているということは…
- 同じ遊びの仲間という目印になっていて、友達意識の芽生えにつながっているのかな `人間関係`
- 何をして（何になって）遊んでいるかを意識し合っているのかな `表現`

★ 保育者は何を意図しているのだろう

水色のシートを敷いて、部屋の中央に広い空間を準備していることから…
- 部屋にいる子どもたちに遊んでいる様子がよく見えるようにしているのかな
- 楽しそうに遊んでいる様子をまわりの子どもたちにも見てほしいと考えているのかな
- 出たり入ったりしながら、大勢の子どもに体験してほしい遊びとして捉えているのかな

保育者自らが子どもたちの動きに合わせて動いていることから…
- 子どもの動きを認め、ノリを合わせて一体感が楽しめるようにしているのかな

> **Point**
> **5W1Hを意識して**
> 「いつ（When）、どこで（Where）、だれが（Who）、なにを（What）、なぜ（Why）、どのように（How）」は、情報を伝達する際の基本的な要素です。意識して書くと、わかりやすい文章になります。

実習日誌

時間	子どもの活動	保育者の援助	実習生の動き・気づき
8：50	・登園した子どもから、昨日作ったタコのお面をかぶり水族館ごっこの場に集まってきた。 ・友達と同じお面をつけ、親しみを感じながら遊んでいる。	・一人一人と挨拶をしながら笑顔で保育室に迎え入れる。 ・「昨日の水族館ごっこ楽しかったね。今日も続きやろうね」などと話しながら水族館の場へ入り、すでに遊んでいる子どもと同じお面をつける。 ・タコになっている子の「先生、タコには丸いイボイボがついているんだよ」という言葉を聞いた保育者が赤い色画用紙をもってきて丸く切ると、それを手足にセロハンテープで貼りつけ踊り始める。音楽をかけ、保育者も一緒に踊る。	・昨日の続きをしようと楽しみに登園してきている様子がわかる。 ・昨日の遊びで作ったものや続きができる環境を用意しておくことで、子どもたちはスムーズに遊びに入れたようだった。 ・友達と同じお面をかぶったり、同じ動きをしたりすることがうれしいようである。保育者が子どもの動きをまねして動くことで子どもの動きを認めていることになり、よりいっそう楽しさが増したのではないかと思った。 ・子どものつぶやきを受け止め、すぐに材料を用意し実現することで、「自分たちの遊び」という意識が生まれてくるのではないだろうか。

> **Point**
> **具体的に書こう**
> 具体的に書くことで、その行動の意味や子どもの思い、保育者の意図、環境とのかかわりなどに気づくことができます。

ままごと

どんなことを話しているのだろう

真ん中にケーキがあり、拍手している子どもがいるということは…
- お誕生会を開いているのだろう
- みんなで誕生日の歌を歌っている
- 「おたんじょうびおめでとう」「ありがとう」などの会話が交わされているかもしれない

このような遊びは…
- 自分の経験を再現して遊んでいるのかな
- ほとんどの子どもがうれしい経験として記憶にあるので、どの子どもにもイメージしやすいのだろう

ままごとの環境構成を考えてみよう

- 保育室の角を利用して、ままごとコーナーを作っている
- 手前側にキッチンセットがあり、囲まれた空間となっている
- 落ち着いて遊べるような工夫がされている
- 一方は広く開いていて子どもたちが入りやすい環境になっている
- 出たり入ったりが自由にしやすい
- 食べ物や食器、エプロンなどが用意されていて、動きや物語が生まれやすい環境の構成になっている
- 自分でほしいものを見つけたり、片づけたりできる環境になっている

実習日誌

時間	子どもの活動	保育者の援助	実習生の動き・気づき
9:20	・4人の子どもがままごとのコーナーに入り、遊び始めた。 ・ほとんど無言で、ままごとコーナーから出たり入ったりを繰り返している。 ・かごの中のケーキを見つけ、「ユウキくんのお誕生会しよう」とメイが言ったことから、みんなでテーブルに料理を並べ始める。	・「あら、今日はお誕生会なのかしら」と声をかける。	・初めのうちは、4人ともままごとコーナーに入ったものの、何をしていいのかわからない感じで行ったり来たりしていた。 ・しかし、メイがケーキを見つけたことから、「お誕生会をする」という共通の目的ができて、みんなで料理を作るまねや並べるなどして動きが出てきた。お誕生会はだれもが経験している楽しいことなので、共通のイメージになりやすいのだと思った。
9:35	・「できましたよ〜」とメイが言うと、みんながテーブルのまわりに座り、「ハッピー・バースデー・トゥー・ユー」を歌い、拍手をしていた。	・離れたところからパーティーの様子を見守る。	・「お誕生会がはじまるの？」と声をかけると「そうだよ。おいで」と呼ばれ、一緒に歌を歌った。

製作コーナー

何が子どもを夢中にさせているのだろう

- ものとのかかわり
  触れてみたいもの
  魅力のある材料
  自分で扱える道具
- まねしたくなるモデルの存在
  保育者
  友達
  異年齢児
- 遊びに使いたいという思い
  遊びでやりたいことが膨らむ
  作りたいものがはっきりする

3歳児の製作コーナーの意味を考えてみよう

- 安定していられる場　　**安定の場**
  出入り自由のスペースである
  いろいろな遊びの様子を見ることもできる
- 一人で集中できる場　　**様々な素材との出合い**
  一人でものとかかわることができる
- 保育者との出会いの場　　**人との出会い**
  手を動かしながら話ができる
  保育者のまねをすることができる
- 遊びの伝達の場　　**情報との出合い**
  何をして遊びたいかはっきりしていないときに情報が得られる

> **Point**
> **保育者の意図を探って**
> 保育者の子どもへのかかわりを書くときには、「周辺のごみを片づけた」などと行動だけを書くのではなく、保育者の思い（どんな思いで何を伝えたかったのか）を探り、考えたことを書くことが大切です。

実習日誌

時間	子どもの活動	保育者の援助	実習生の動き・気づき
9:40	・製作コーナーでは、男児が一人で一生懸命に箱とトイレットペーパーの芯をセロハンテープでつなげようとしていた。 ・セロハンテープを引っ張って切ることを、ぎこちないがうれしそうに繰り返している。	・机の上が散らかっているのを見て、「あらあら大変、ごみ箱を置きましょう」と机の上に小さなごみ箱を置いた。 ・周辺の切りくずを拾いながら、「これはまだ使えるかしらね」「これはもう捨ててもいいかな」と独り言のようにつぶやきつつ机の上を整理していた。	・散らかっているのを見て、私なら「ほら、きちんと片づけながら遊びなさい」などと言ってしまいそうだが、保育者は独り言のようにつぶやいて、ごみ箱を用意したり、ごみを拾って片づけたりしていた。その様子を見て自分でもごみを拾う子どもがいたことから、直接的に「片づけなさい」と言うよりも効果があるのかもしれないと思った。
9:50	・何個かつけ終わると、こちらを向いて「でんしゃ」と言う。	・保育者がやってきて、「かっこいい電車ができたね」と笑顔で声をかける。「走らせてみる？」と聞き、男児と一緒にチョークを取りに行き、テラスに線路を書き始めた。	・男児の思いを読み取って線路を描いたことで、作ったものを線路で走らせる遊びが始まった。いろいろな発展の仕方があるのだと思った。

カエル見つけた

🌟 子どもの視線の先に見えるものを探ってみよう

何に興味・関心をもっているのかな…
- 子どもたちの目線だからこそ見えるものとは
- 身近な環境や事象・現象などの変化に気づくためには
- 些細なものやことに心を動かし、不思議さを感じるためには

学びの芽生えが育まれるためには、遊びのなかでの様々な体験が必要
- 新たな発見の喜びと驚き
  「こんなところにカエルが！」
- いろいろな感動体験
  「自分で見つけた」「自分で捕まえた」という満足感や充実感
- 季節に応じた体験ができる自然環境
  「雨が降ったから出てきたのかな」
- まわりの受け止め、共感
  「すごいね、自分で捕まえられたね」

> **Point**
> **子どもの目線になってみよう**
> 子どもの目線は低いので、小さな生き物や植物を見つけやすいものです。子どもの目線になることで、子どもたちの興味や関心に触れることができます。

🌟 子どもたちにとっての身近な生き物って？

身近な動物を調べてみると…
たとえば
- **アリ**：えさを運ぶ様子などに、子どもたちはくぎづけになることが多い。アリの最大の特徴は、巣を作りコロニーと呼ばれる大集団で生活するところ。1つのコロニーは数匹の女王アリと多数の働きアリで構成されている
- **ダンゴムシ**：子どもたちにとって大変身近な生き物。「まるむし」と呼ばれることもあるように、さわると丸くなるのが特徴
- **チョウ**：親指の爪くらいの小さなヤマトシジミや、菜の花やキャベツにやってくるモンシロチョウなど。ミカン科の木にやってくるアゲハチョウの仲間も。

実習日誌

時間	子どもの活動	保育者の援助	実習生の動き・気づき
10:00	・子どもたち数人で、テラスに上がってきたカエルを追いかけている。何度も捕まえようとするが、カエルが元気よく跳ねるのでなかなか捕まえられない。 ・それでもユキはあきらめずに、何度も繰り返し挑んでいる。 ・ほかの子どもたちも、その様子を見ている。 ・しばらく格闘した後、「捕まえた！」と床の上で手をお椀のようにしている。 ・保育者と共にペットボトルにカエルを入れると、「水を入れてあげなきゃ」と水を入れ、じっと観察していた。	・子どもたちの様子に気がつき、少しの間見守っている。「雨が降ったからカエルさんたちいっぱい来たのかな」とつぶやく。 ・大きなペットボトルを室内から持って来て、ユキのそばに行き「もう少し」と声をかける。 ・「すごいね、自分で捕まえられたね」と認め、「これに入れる？」とペットボトルを見せる。ユキの返事を聞き、ペットボトルにカエルを入れるのを手伝う。	・テラスで数人がはしゃいでいる様子だったので行ってみると、カエルを捕まえようとしていた。目を輝かせている姿に、子どもの身近な生き物への興味・関心の強さを感じた。まわりの子どもたちと一緒に「がんばれ～」と応援する。 ・保育者は、カエルを捕まえようと夢中になっている子どもの姿を見て、捕まえた後よく観察できるよう透明のペットボトルを用意していた。その結果、じっくりとカエルを観察するという体験が得られた。どんな体験を積み重ねてほしいと願っているかがわかったような気がした。
10:00			

カエルになってピョンピョン

何をしているのかな？

- みんなで一緒に活動しているみたい
- カエルのお面をかぶっているな
- 先頭の子どもが立っている
↓
- カエルになってゲームをするのかな
- カエル捕りやカエルごっこで遊んでいたことと関係があるのかな

どんなねらいで活動しているのだろう

- 友達と一緒の活動を楽しめるように
- 簡単なルールを理解して遊ぶ楽しさを味わえるように
- 同じイメージで遊ぶ楽しさを味わえるように

どんな内容で活動しているのだろう

- カエルになって跳んだり走ったりして体を動かす
- 友達のまねをして楽しむ
- 友達と同じお面をつけて遊ぶ

実習日誌

時間	子どもの活動	保育者の援助	実習生の動き・気づき
11:00	・保育室に集まる。 ・みんなで「かえるのうた」を歌う。 ・「ぼくも前に捕まえたよ」などと言いながら興味津々にカエルをのぞき込む。	・全員がいることを確認し、「かえるのうた」のピアノ伴奏を始める。 ・「今日ね、ユキちゃんがカエルさんを見つけたんだって」とペットボトルに入ったカエルを見せる。「カエルさんになって遊んでいた人もいたね」と話す。 ・「今から、みんなでカエルさんになってピョンピョン跳んだり泳いだりして遊びましょうね」と言って、以前作ったカエルのお面を配る。	・保育者は片づけが終わったらピアノの前に集まるようにと、一人一人に声をかけていた。「○○ちゃん、ピアノの前ね」などと言われたほうが、自分のこととして認識できるからだろうと思った。 ・保育者は好きな遊びの話をしながら、みんなで一緒に行う活動への動機づけをしていた。数日前からカエル捕りやカエルごっこで遊んでいたので、この活動を設定したのだろうと思った。
11:15	・カエルのお面をつけたら、ピョンピョン跳ねながら遊戯室へ移動する。 ・遊戯室でカエルになってピョンピョン跳ねる。 ・丸、三角、四角の枠を渡ったりして跳ぶ。	・遊戯室へ移動することを伝え、保育者もカエルになって移動する。 ・しばらく一緒に跳んだり、休んだりして遊ぶ。 ・「ここにいろいろな形の石があるよ」と言って、丸、三角、四角の枠を出す。 ・「ピョンピョン」と言いながら両足をそろえて跳ぶモデルを示す。	・カエルのお面をつけると、さっそくピョンピョンと跳び始める子どもが大勢いた。お面をつけるだけで遊びのなかに入れるのだと感じた。 ・一緒に跳ねて遊ぶ。出会った子どもに「ケロケロ、こんにちは」などと言うと、「ケロケロ」と応えてくれた。カエルのイメージがあるのだと思った。 ・両足一緒に跳ぶ子もいれば、片足ずつ跳ぶ子もいて、運動能力に差があることがわかった。保育者は「すごいすごい」「跳べたね」と声をかけていた。
11:25 11:30	・数人ずつ、走ったり枠を跳んだりする。	・「みんなで順番にやってみようか」と言って4人の子どもを先頭にし、「どこでもいいから並んでみましょう」と話し、順番に走ったり跳んだりする。	・「丸い石を渡って行こう」「今度は三角」などと保育者が言っていて、形を認識させたいのかなと思った。

食事の用意

食事（給食や弁当）のときは何に配慮したらいいだろう

- 楽しく食事ができるように
  雰囲気づくり。花を飾ったり音楽をかけたり
- 衛生的に食事ができるように
  清潔なテーブルクロスやふきん
  手洗いの指導
- スプーンやフォーク、箸の持ち方、配膳の仕方、姿勢など基本的な食習慣が身につくように
  無理のない指導
  保育者がよきモデルに
- 食物アレルギーの子どもに対応できるように
  除去食、代替食、弁当など
  間違いのないようなルールづくり（プレート、色表示、複数でのチェックなど）

食べ物に興味や親しみをもつように、どんな工夫をしているのかな？

- 畑やプランターで野菜などを育てる
- 生長の様子を観察し、収穫を楽しみにする
- 収穫したものを味わう
- 5歳児が育てた食材（ジャガイモやサツマイモ）をごちそうしてもらう

Point　文末を統一して
「です・ます」（敬体）と「だ・である」（常体）が混在しないようにすることは、文章を書くうえでの基本です。かならず読み返して確認するようにしましょう。

実習日誌

時間	子どもの活動	保育者の援助	実習生の動き・気づき
11:50	・排泄や手洗いを済ませて、食事の用意をする。 ・「ぼくもやる」とタケシが保育者と一緒にテーブルクロスを机にかけ始めると、2〜3人寄ってきて「わたしもやりたい」と一緒にやる。 ・台ぶきんで机をふく子どもがいる。タケシが「ぼくがやるんだよ」と言って台ぶきんを取ろうとする。 ・タケシも台ぶきんをもらい、机をふく。 ・用意をして席に着く。 ・自分の番になるのを楽しみに待っている。	「今日は、みんなが大好きなカレーの日ですよ」と話し、用意をうながす。 「さあ、レストランにしましょうね」と言ってテーブルクロスを出す。 「一緒にやりましょう」と一緒にテーブルクロスを机にかけていく。 台ぶきんをしぼり、小さなかごに入れて、各テーブルに置く。 タケシに「お手伝いしてくれるの？こっちにもあるから、こっちをやってくれるかな？」と台ぶきんを渡す。 ほとんどの子どもが用意できたことを確認し、配膳する。 「おいしそうね」「たくさん食べようね」などと、一人一人に声をかける。	・まだ準備をしていない子どもたちに「今日はカレーですよ、早く用意しましょうね」と言って、できるだけ自分でできるようにうながした。子どもたちはカレーが楽しみな様子で、はりきって用意していた。 ・当番が決まっているわけではないが、保育者がやっていることを手伝いたいという子どもたちが多く見られた。保育者の様子を見て、憧れをもっているのではないかと思った。 ・タケシのやりたい気持ちを理解し、別の台ぶきんを渡していた。最近みんながやりたがっているので、多めに用意していたのだと思った。 ・保育者は一人一人の表情や様子を確認しながら配膳しているのだと思った。
12:05			

全日指導計画　7月9日（木）　3歳児　こすもす組　19名（男児11名・女児8名）

子どもの姿	・保育者がいることで安心し、いろいろな物に触れて遊ぶ姿が見られる。 ・自分の好きな遊びを見つけて遊んだり、友達のしていることをまねしたりして遊びを楽しんでいる。 ・自分のイメージを言葉にするようになり、保育者を仲立ちとしながら友達と同じイメージで遊ぶことを楽しんでいる。 ・はさみやセロハンテープを自分で扱えるようになったことがうれしくて、空き箱を切ったり合わせたりして作ることを楽しんでいる。偶然できた形を何かに見立てて保育者に見せに来たり、動かして遊んだりしている。 ・4月から入園した子どもたちも生活の仕方がわかり、身のまわりのことを自分でしようとしたり、保育者の手伝いをしようとしたりする様子が見られる。保育者に認められることを喜び、がんばってやろうとする。	ねらい及び内容	○保育者や好きな友達と一緒に触れ合って遊ぶことを楽しむ。 ・友達と同じものを身につけたり、模倣したりしながら一緒に遊ぶ。 ・自分のやりたい遊びを見つけ、のびのびと遊ぶことを楽しむ。

1日の生活の流れ ／ 予想される子どもの活動

時刻	流れ	
8:50	登園 身のまわりの始末 好きな遊び	**登園する**　　　　　　　　　　**好きな遊びを楽しむ** ・挨拶をする　・身のまわりの始末をする❶　　　　　　なりきって遊ぶ ○一人一人に挨拶をしながら、子どもたちの様子を確認していく。　　　　　　　　　　　　　（ままごと、水族館ごっこ） ○天気がよく気温が上がることがあるので、スモックを脱ぐようにうながしていく。自分で行う姿を認め、自分なりにやってみようとする気持ちがもてるようにしていく。　・ままごとでは赤ちゃんの世話をしたり、誕生会を開いたりそれぞれの役になりきって生活の模倣を楽しんでいる。 ・ままごとの続きでピクニックに出かけるがシートや弁当箱など「自分がもっていきたい」という思いから取り合いになることがある。 ・水族館ごっこではタコやイルカなど友達と同じお面をつけ、同じように動くことを楽しんでいる。 ・自分のイメージを保育者に言葉や身ぶりで伝えようとする子の姿も見られる。
10:45	片づけ トイレ	
11:00	○△□ゲーム	【配置図：電車／水族館ごっこ／テラス／ピクニック／ままごと／製作／ポテト作り／カエル探し】
11:30	戸外遊び	【とくに見守りたい子ども】 ○K男　ほかの子の遊びにも興味をもち遊ぶ姿が見られるので、満足して遊べるようかかわるようにする。 ○R男　自分の世界で遊ぶことを楽しんでいる。先週、水痘のため欠席をしていたので久々の登園であるので、様子を見ていく。 ○M子　K男、R男について回ることが多い。M子の興味・関心を捉えて、無理のないように遊びに誘い、保育者や友達と触れ合って遊ぶ楽しさを感じ取ることができるようにしていく。
12:20	給食を食べる	○友達が遊んでいる様子を興味をもって見ている子もいるので、保育者が誘ったり一緒に遊んだりしながら、友達との遊びを楽しめるようにしていく。 ○友達とのやり取りのなかで、自分の気持ちを強く出してしまうことがあるので、気持ちの伝え方を知らせながら、相手の気持ちに気づけるようにする。 ○保育者に見てほしいという気持ちがあるので、一人一人の思いを十分に受け止めていくようにする。 ○友達と触れ合って遊ぶ楽しさが感じられるよう、保育者も一緒に遊びながら互いを意識できるようにかかわる。 ○子どもの話に耳を傾け、遊びが広がっていくようなきっかけをつくっていく。
13:30	担任とのひととき	
14:10	降園	

○友達と一緒に触れ合いながら、○△□ゲームを楽しむ。 ・○△□がわかり、いろいろな形の中に入るおもしろさを味わう。 ・友達と一緒の動きをすることを楽しむ。	**環境への配慮** ・遊びの持続時間が短く、やりたい遊びが変化していくので、子どもたちの思いに寄り添いながら状況に応じた環境づくりを行っていく。 ・他クラスのお店屋さんに買い物に行くなど、少しずつであるが他クラスとの行き来が見られるようになってきた。保育者間の連絡を密にしながら、子どもたちの状況を把握していけるようにする。 ・行動範囲が広がってきたので、目が届かない場所がないように気をつける。また廊下の巧技台など安全に遊べるように配慮する。

及び保育者の援助

作って遊ぶ

(空き箱製作、電車、ポテト作り)
・何か作ってみたいという思いが出てきて、空き箱をつなげて偶然できた形を楽しんでいる。
・セロハンテープやはさみの扱いに慣れてきて、電車やポテトなど簡単に作れるものを作り満足している。

> ○自分なりに作って楽しめるよう材料を十分に用意しておくようにする。
> ○はさみの扱い方には個人差があるので、気をつけるようにする。遊びのなかで経験できるようにしていく。

身近な自然に触れる

(カエル探し)
・カエルを夢中で捕まえては、じっくりと観察したり、気づいたことを言葉にしたりしている。

> ・生き物なので、ギュッとつかむとかわいそうなことや、よく見た後には元に戻すことを話し、生き物への興味・関心を受け止めながらも、徐々にかかわり方を考えていけるようにする。

片づけをする ❷

> ○今日の遊びを振り返りながら、楽しかったという思いで片づけられるようにしていく。

○△□ゲームをする →部分指導計画 p.78

> ○●▲■の形を確認しながら、友達と触れ合って遊ぶ楽しさが味わえるようにする。
> ○理解に個人差があるので個々に応じて援助し、みんなと一緒に楽しめるようにする。

戸外遊びをする

> ○保育者が一緒に遊びながら、体をのびのびと動かして遊べるようにしていく。また、水分補給をこまめに行うよう配慮する。

給食を食べる →部分指導計画 p.79

> ○楽しい雰囲気のなかでおいしく食べられるようにする。食べず嫌いが多いので、少しずつ食べられるようにしていきたい。

担任とのひととき・降園する

> ○今日一日の楽しかったことを振り返り、保育者との心を通わせゆったりと過ごせるようにする。
> ○明日はフィンガーペインティングをして遊ぶことを伝え、期待をもって降園できるようにする。

評価の観点
○自分のやりたい遊びに取り組みながら、保育者や友達と一緒に触れ合って遊ぶ楽しさを味わうことができたか。
○保育者も一緒に遊びながら、子どもたち一人一人に寄り添いかかわることができたか。

・子どもの姿　　［　］保育者の支え

---

❶ 登園時の配慮点は、曜日や季節などによっても違います。月曜日なら、土・日曜日に家庭であった出来事を話したい子どもの気持ちを受け止めることが必要です。また、暑いとき、寒いとき、雨天のときなどの天候によっても、いろいろと配慮することがあります。子どもたちが気持ちよく一日をスタートさせるためには、どんな配慮が必要かを考えて書きましょう。

❷ 片づけの配慮は育ちによって違います。保育者が中心になって片づけてモデルになるのか、声をかけながら一緒に片づけるのか、できるだけ子どもたちに任せるのかなど、育ちを捉えて考える必要があります。

部分指導計画　みんな一緒の活動「○△□ゲーム」

7月9日（木）11：00〜11：30　3歳児　こすもす組　19名（男児11名・女児8名）

ねらい	○友達と一緒に触れ合いながら、○△□ゲームを楽しむ。 ○ルールを理解し、積極的にゲームに参加する。	内容	□○△□がわかり、いろいろな形のなかに入るおもしろさを味わう。 □友達と一緒の動きをすることを楽しむ。

時間	環境の構成	予想される子どもの活動	保育者の援助
11：00	（保育者の前に半円状に座る子どもたちの図） 準備するもの 絵本『まるさんかくしかく』	○片づけをして、保育者の前に集まる。 ・手遊び「ミックスジュース」をする。 ○絵本『まるさんかくしかく』を見る。	・片づけをしたらトイレに行き、保育者の前に集まるように伝える。 ・全員がそろうまで、手遊びをして待つようにする。 ・手洗いに時間がかかっている子どもには、「みんな待っていますよ」と声をかける。 ・○△□に関心がもてるように、昨日みんなでやったカエルぴょんぴょんの話をする。 ・思い出したところで、絵本『まるさんかくしかく』を出し、楽しみながら形の違いを確認していく。
11：10	・あらかじめ園庭にライン引きで○△□を3つずつ描いておく。走って移動するのが楽しめるように、あまり近すぎない程度に園庭の半分くらいを使って描いておく。 （園舎と園庭に○△□が配置された図） 準備するもの ライン引き ○△□を描いた画用紙 笛	○靴にはき替え、園庭に出る。 ○保育者のまわりに集まる。 ・「○△□ゲーム」のルールを聞く。 ○「○△□ゲーム」をする。 ・「まる」「さんかく」「しかく」がわかり、保育者の合図で、言われた形に入る。 ・保育者に追いかけられるのを楽しむ。 ・友達に追いかけられるのを楽しむ。 ○保育者のまわりに集まる。 ・何回つかまったか手を挙げる。	・園庭で○△□の楽しいゲームをすることを話し、靴にはき替えて外に出るように伝える。雨天の場合は遊戯室で行うので、ほかのクラスと調整をしておく。 ・○△□ゲームは初めて行うので、ルールが伝わりやすいように、○島、△島、□島に見立て、そのまわりは海で、おぼれないように泳いで渡るという説明をする。 ・形が伝わりやすいように画用紙に「○」「△」「□」を描いておき、それを見せながら「まる」「さんかく」「しかく」と言うようにする。 ・ルールに慣れるまでは、鬼はなしで行う。慣れてきたところで「今度は先生が怖い海のサメになります。つかまらないように島に渡ってくださいね」と話し、実際にやってみせる。 ・ルールを理解してきたら、子どものサメ役もつくり、一緒につかまえるようにする。 ・1回もつかまらなかった人に「おめでとう」と拍手をして、ゲームを終わりにする。
11：30		○うがい、手洗いをして保育室に入る。	・うがい、手洗いをして保育室に入るように伝える。
評価の観点	・ルールを理解し、楽しく活動していたか。 ・友達と同じ動きをすることを楽しんでいたか。 ・ルールの伝え方や準備は適切であったか。 ・友達と触れ合って遊べるような雰囲気をつくることができたか。		評価の観点は、指導計画を書くときにはかならず書いておきます。保育が終わった後に、この観点で振り返りをするという目安になります。振り返り（反省）は実習日誌に書いたり、指導計画の下や裏に欄をつくって書いたりします。

部分指導計画 給食

7月9日（木）12:20〜13:30　3歳児　こすもす組　19名（男児11名・女児8名）

ねらい	○友達と一緒に食事をすることを楽しむ。 ○食材の色、形、香りなどに興味をもつ。	内容	□準備の仕方がわかり、自分から進んで食べようとする。 □食事についての会話を楽しむ。

時間	環境の構成	予想される子どもの活動	保育者の援助
12:20		○汗をふいたり水分補給をしたりする。 ○排泄、手洗い、うがいをする。	・戸外で遊んだので、汗をかいていると思われる。自分で汗をふいている子どもを認めながら、一人一人の体調や表情などを確認する。 ・保育室に机を出し、机の上を消毒しておく。 ・子どもがトイレに行ったり、手を洗ったりする様子を見守り、手の洗い方が不十分なときには、「バイ菌さんを退治しましょうね」などと言いながら手洗いの指導をする。
12:35	準備するもの 　消毒用のアルコール 　手につける消毒液 　台ぶきん 環境構成の図の下に、そのとき準備するものを書きます。保育室の様子や、準備するものを具体的にイメージすると、足りないものや配慮することに気づくことがあります。	○食事の準備をする。 ・箸セット、コップを自分のカバンから出す。 ・席について待つ。 ・手を消毒する。 ・配られるのを待つ。	・手洗いが済んだら、いすをもってきて給食の準備をするように伝え、準備ができた順番に手の消毒をする。準備が遅い子どもには、何か困っていることがないか確認し、声をかけたり手を貸したりする。 ・ワゴンからトレイを出し、一人一人に「おいしいですよ」「たくさん食べましょうね」などと声をかけながら丁寧に配る。 ・アレルギーがある子ども（ケイ）のものは、トレイの色が異なり名前の札がついているので、間違えないようしっかりと確認して配る。
12:45		○食事をする。 ・「いただきます」の挨拶をする。 ・友達や保育者と一緒に会話を楽しみながら食事をする。 ○「ごちそうさま」の挨拶をし、片づける ・トレイを片づけの場所へ持っていく。 ・歯みがきをする。	・「みんなの給食には何が入っているかな？」などと食材に興味がもてるように声かけをして、「いただきます」の挨拶をする。 ・友達や保育者と会話をしながら楽しく食べることができるように配慮する。 ・あまり食が進まない子どもには、「これを食べると体が強くなるんだって」などと話し、少しでも食べてみようという気持ちになるようにする。 ・食べられたこと、少し食べてみた姿を個々に認めていく。 ・「ごちそうさま」をしたら、片づけて歯みがきをするように伝える。 ・食べ終えていない子どもがいるときには、まだ食べたいか確認し、あせらずに食べていいことを伝える。
13:30			

評価の観点	・食事を楽しみにし、進んで準備をすることができたか。 ・友達と楽しく会話をしながら食べていたか。 ・衛生面に留意した環境を整えることができたか。 ・楽しく食事をする雰囲気をつくることができたか。

練習してみよう

自分で考えた後に、何人かで話し合いをしてみましょう。

★ 5領域のどんな内容とつながっているのだろう

- 健康
- 人間関係
- 環境
- 言葉
- 表現

★ どんな会話をしているのかな？

★ 何を楽しんでいるのかな？

★ 3歳児のどんな育ちが表れているのだろう

★ 何をしているのかな？

★ どんな環境の構成が必要か考えてみよう

Column

遊びの読み取り

　先日、このようなことがありました。
　園庭にある台の上で、木の枝を持って座っている3人の3歳児がいました。その仕草がなんとなくおもしろかったので近寄ってみると、どうも魚釣りをしているようです。その世界を壊さないように「釣れますか？」と聞いてみると、「うん、釣れたよ。ほら」と見せてくれたのは赤く色づいた落ち葉です。「大きいのが釣れましたね」と言うと、「これはマグロ。さしみにするんだ」ともう一人の子が切るまねをして、ごちそうしてくれました。食べ終わると、「またつれた！」と黄色い葉っぱの魚を釣り上げ、「今度はサンマ。焼いて食べよう」と焼くまねをします。釣っては食べ、食べては釣るという見立て遊びを何度も繰り返して遊んでいます。

　しばらくすると、一人が台から飛び降り「助けて〜」と叫びます。すると二人が泳ぐまねをして助けに行き、みんなで泳いで戻ってきます。その後も様々なストーリーが展開しながら長い時間、遊びが続きました。
　この遊びでは、誰かがあらかじめ「葉っぱを魚にしよう」と言ったわけでも、「この空間を海に見立てよう」と決めたわけでもありません。子どもたちがそれぞれ自分なりにものや空間を魚や海に見立て、それが自然とそこにいた友達の間で共有されていったのです。

　一見するとたわいない遊びに見えますが、実はこれは子どもにとってとても意味のある遊びです。遊びには台本があるわけでもルールが決まっているわけでもありません。ましてや誰かに頼まれて行うものでもありません。その時その時に、自分の意志で楽しいことを考えてストーリーを展開していきます。そのなかで誰かを演じたり何かに見立てたりしながら、それらしく振る舞うことを通して、ストーリーのなかの対象（ここでは魚釣りや魚の食べ方など）を探究しているのです。

　また、遊びのなかでは、子どもが自分で考え自分で実行していますが、現実の世界ではほとんどそれを自分だけで実行することはできません。釣りに出かけたり、釣った魚をさばいて食べたり大海原で泳いだりすることは、実際にはとてもできないことです。しかし、遊びのなかでは、やりたいことができ、憧れているものに変身することもできます。自分の願望や要求をかなえ、それを満喫することができるのです。
　このように、遊びは子どもたちの自己表現・自己実現であり、その姿を読み取ることが、一人一人の内面を理解することにつながります。

　子どもが遊びのなかで、ものや場所、人とどうかかわり、どのように自己を発揮したり、事柄の本質を探究したりしているのか。また、どのような思いで自分をコントロールし、友達とイメージを重ねたり気持ちを合わせたりしているのかなど、様々な角度から遊びを捉え、読み取ってみましょう。そして、それらを整理して日誌に記入することを通して、遊びへの理解を深めていきましょう。

4歳児

4歳児の育ち

基本的な生活習慣や身のまわりのことが自分でできるようになります。
体の動きも巧みになり、活発に行動するようになります。
自分の気持ちを言葉にしたり、相手の気持ちを察したりすることができるようになり、自意識も芽生えてきます。
想像力や空想力が豊かになり、友達と同じイメージの世界を楽しむごっこ遊びが盛んになります。

生活

自分でできることに喜びを感じながら、健康や安全など生活に必要な基本的な習慣を次第に身につけていきます。園生活の見通しをもって生活したり、生活のなかの約束事や遊びのルールを意識したりすることができるようになります。

遊び

友達と一緒にルールをつくって、競ったり気持ちを合わせたりして遊ぶことを楽しむようになります。また、様々なごっこ遊びのなかで、役を決め、必要なものを準備したり作ったりして友達とイメージを合わせて楽しみます。言葉でのやり取りも増えるのと同時に、けんかも多くなります。

春

徐々に園生活の一日の流れがわかってきて、自分からできることはしようとする姿が見られます。気の合った友達と同じ遊びをすることを喜び、言葉を交わしたり同じ動作をしたりしてやり取りを楽しみます。次第に手先が器用になり、身近な素材を切ったり貼ったり組み合わせたりして、自分がイメージするものを作ろうと工夫する様子も見られます。

夏

砂・泥・水・草花で遊ぶことを喜び、自分なりの発見をしながら熱中して遊びます。発見したことを喜んで、まわりの友達や保育者に伝えようとします。ごっこ遊びも友達を誘い、イメージを膨らませながら繰り返し遊びます。遊びの場を自分たちで作ったり整えたりすることで、遊びが継続するようにもなります。

| 0歳児 | 1歳児 | 2歳児 | 3歳児 | **4歳児** | 5歳児 | 異年齢児 |

実習生の心構え

遊びに対するイメージの違いから、ぶつかり合いやけんかが多くなる時期です。どう対応したらよいか、とまどうこともあると思いますが、どちらか一方に謝らせて決着をつけようとするのではなく、よく話を聞き、互いの気持ちに共感しながら解決の方法を一緒に考えていくようにしましょう。

秋

大勢で鬼遊びやゲームをして体を動かしたり、ダンスや歌を楽しんだりする姿が見られます。友達を意識しながら、自分の思いを言葉で表現できるようになります。思いのぶつかりからけんかも増えますが、相手の気持ちも少しずつわかるようになり、自分たちで解決しようとする様子も見られます。

冬

自分の思いを伝えたり、友達の思いを受け入れたりしながら、友達と同じイメージで遊びを進める楽しさを味わうようになります。興味をもったことに進んで取り組み、5歳児とのいろいろなかかわりを通して大きくなることに期待をもち、自信をもって生活するようになります。

4歳児の 生活

ままごと

どんな声が聞こえてくるだろう

会話を想像してみると…
「おなかすいたあ」「今、ご飯作ってるからね」

子どもの思いを考えてみると…
「おうちの人になって遊びたい」「それらしくしてみよう」
「料理を作ってきれいに並べたいな」

育ちとして捉えられることは？
- 安定して遊んでいる　　`健康`
- 役割を決めて遊ぼうとしている　`言葉` `人間関係`
- いろいろな用具を使って遊んでいる　`環境`
- 身近な存在をまねて遊んでいる　`表現` `環境`
- 役になって会話をしている
　　　　　`言葉` `環境` `人間関係`

ままごとの環境について考えてみよう

遊びを豊かにする物的環境には何があるかな…
- 動きを誘発するものとして
  鍋や食器などの用具、エプロン、テーブル、いす、キッチンセット、食べ物、衣装、人形、人形の洋服、カバン、リュックサック、おんぶひも、お金　など

それらが遊びにもたらす効果は…
- 遊びの場が明確になる
- イメージを共有しやすくなる
- 役割がわかりやすくなる
- 家の外にもイメージが膨らみ、遊びがおもしろくなる
- 様々な動きを誘発する

Point　遊び始めに注意して
登園してから遊びだすまでの様子を観察すると、どのような思いをもって登園してきたかがわかります。一人一人の遊び始める様子に着目してみましょう。

実習日誌

時間	子どもの活動	保育者の援助	実習生の動き・気づき
9:30	・ミサキは登園するとすぐにままごとの場所に行き、エプロンをつける。 ・ハナ、アカリも登園するとまっすぐままごとの場所に来る。 ・お母さん役のミサキが「朝ご飯食べましょう」と言いながら、食べ物を並べている。 ・ハナ、アカリは「いただきまーす」と言って食べるまねをして笑い合っている。 ・ミサキも一緒になって笑う。 ・早食い競争のようにふざけ合いが始まる。 ・ミサキが「子どもは学校行くの」と言うと、ハナは「わたし、3年生」と答える。	・一人一人とにこやかに挨拶を交わしながら、体調などを把握している。 ・「楽しそうね」「みんなは朝ごはん食べたらどうするの？」と声をかけた。	・ミサキに「おはよう」と声をかけ、ままごとの場所へ一緒に行き、様子を見ることにする。 ・3人ともままごとを楽しみに登園してきたようだ。 ・役割をはっきりさせたいと思い、「ハナちゃんとアカリちゃんはお姉さん？」と声をかけた。 ・なりきって遊んでいるのはミサキだけで、ハナ、アカリは一緒の場にいることを楽しんでいる様子だった。同じままごとの場にいても、それぞれ思いは違うのだと感じた。 ・停滞気味の遊びに保育者が声をかけることで、遊びが進むきっかけになったようだ。
9:45	・ハナが「学校作りたい」と保育者に言う。	・学校の場を作るのを手伝う。	・ままごとと学校を行き来しながら、生き生きと遊び始めた。

ドーナツ屋さんごっこ

保育者は何を意図しているのだろう

台をはさんで両側に人がいるということは…
- トングを持っている人はお店の人の役になっている
- 保育者はお客さんになっている
- 保育者が注文することで、「作る」「売る」の循環を活発にしようとしている
- ほかの子どもたちにも知らせてお客さんが増えたら、遊びがもっと楽しくなるかもしれない

ドーナツを作るための素材を考えてみよう

写真では紙や色紙で作っているが、ほかの素材としては…
- 育ちに応じた素材を考えていく必要がある
  粘土、紙粘土、小麦粉粘土

実習日誌

時間	子どもの活動	保育者の援助	実習生の動き・気づき
9:50	・アミは製作コーナーで、紙に「どーなつやさん」と書き、それをお店の台の前面に貼ると、昨日作ったドーナツを並べていた。 ・サキが来て、二人で並べ始める。 ・アミが「まだ〜」と言い、それを聞いたサキも「まだ〜」と言う。 ・二人でドーナツを作り始める。	・「おなかすいちゃったなあ。ドーナツ屋さんもう開いてますか？」 ・「お客さんたくさん来たら、ドーナツなくなっちゃうものね。じゃあ、ドーナツ屋さんおいしいのをたくさん作ってください」と言いながら、材料が入った箱に材料を足した。	・製作コーナーでアミが看板を書いていたので、「アミちゃん、ドーナツ屋さんやるんだね」「先生買いに行くから、できたら教えてね」と声をかけた。 ・ドーナツを並べたのに、お店を開けないのはなぜかと思ったが、もっとたくさん作ってから開けたいのだと思った。 ・アミたちの「もっと作りたい」という気持ちを確認し、作ることを楽しんでいることがわかったので材料を増やしたのだと思った。
10:05	・並べ始めたのを見て、カナとミホが「入れて」と言ってきた。		・ドーナツ作りが楽しそうに見えたのか、二人が「入れて」と言ってきた。「いいよ」とアミが答え、一緒にドーナツを作り始めた。

車作り

それぞれの子どもは何を楽しんでいるのだろう

どんなことを話しているのか想像してみると…

- 「坂を上りまーす」（右手前の男児）
  坂を上らせること、コースを走らせることが楽しい
- 「ここを大きくしたいんだよなあ」（左手前の男児）
  自分が作りたい車を作ることが楽しい
- 「ねえねえ、こっちが駐車場だよ」（中央奥の男児）
  道路や車に必要なものを作ることが楽しい

自分で作るようになるためには？

- 作りたいという思いが膨らんでいる
- 作りたいもののイメージがある
- モデル（手本）がある
- 決まった場所に材料や用具が置いてある
- 発想を引き出す材料がある
- できないことがあるときに援助がある

実習日誌

時間	子どもの活動	保育者の援助	実習生の動き・気づき
10:10	・ケイタ、ユウト、シンジ、コウヤ、タクトの5人が車のコースのところで車を作ったり、作った車を坂で走らせたりして遊んでいる。 ・ケイタ、ユウト、タクトは車が遠くまで行くことを楽しんでいる。 ・シンジは走らせることはしないで、材料を探して部品をつけている。 ・コウヤは車を走らせながら、「ガガーン」「ヒュー」などと言う。 ・コウヤは「ガソリン入れてください」と言う。 ・シンジが「ぼくのにもガソリン入れてください」と持ってくる。	・作る場所と転がす場所を少し離す。 ・材料を足しながら、「コウちゃんの車、かっこいいね」などと一人一人の工夫を認める言葉がけをしていた。 ・「コウちゃんの車、まだガソリンは大丈夫ですか？　ガソリンなくなったら、車の元気もなくなっちゃいますからね」と笑いながら声をかけた。	・どのように車を作っているのか確認しながら一緒に車を作る（空き箱、車軸が材料として用意してある）。 ・子どもの動線が交わらないようにして遊びやすくするために場所を離したのだと思った。 ・車に小さな部品をつけようとしているシンジに「シンジくんの車、かっこよくなったね」と声をかけると、ジンジはうれしそうだった。 ・保育者はガソリンスタンドの役で遊びに入った。いろいろな遊びへのかかわり方があることがわかった。遊びに新たな動きが加わったように感じた。
10:20		・「はい、シンジくんも、いらっしゃいませ」「駐車場はここですよ」「車の修理工場はこちらです」などとやり取りをしながら遊びにかかわっていた。	・保育者の声かけで、シンジにもガソリンスタンドのイメージがわいてきたように思った。 ・シンジとコウヤがイメージを共有できるような声かけをしたのだと思った。

ドッジボール

ドッジボールの楽しさってなんだろう

具体的な動きから考えると…
- ねらったところにボールを投げる　体を動かす喜び
- ボールを当てる　当てたときの達成感
- 当たらないように逃げる　スリル感、体を動かす
- チームの一体感　集団生活、充実感
- 笑い合いながら逃げる　友達と一緒という一体感

これまでの経験から…
- 5歳児がやっていた姿への憧れ
- 園庭の真ん中を使って遊ぶことへの憧れ

どんな育ちがあればドッジボールが楽しくなるだろう

- ボールを投げたり、逃げたりする
- 友達とルールを決める
- 決めたルールを理解し、守って遊ぼうとする
- ルールを守って遊ぶと楽しいと気づく
- チームでの勝ち負けがわかる

実習日誌

時間	子どもの活動	保育者の援助	実習生の動き・気づき
10:20	・園庭でタクミたち5人がドッジボールを始める。 ・ケンタ、ハルトなど子どもたちが次々と仲間に加わる。 ・ハルトの投げたボールにシュンが当たるが、シュンは外に出ない。 ・ハルトがシュンに外に出るように言うが、シュンは拒み続ける。タクミも出るように言うと、シュンはドッジボールから抜けてしまう。 ・タクミたちは遊びを再開する。 ・シュンは離れたところから見ている。	・ほかの子どもの遊びにかかわりながら室内から見守っている。	・園庭に出てドッジボールの仲間に加わる。 ・シュンが当たったのは見たが、シュンを責めることになってしまうかもしれないと思い、どうすればよいかわからず、子どもたちの様子を見ていた。 ・シュンのそばに行き、気持ちを聞くと「当たったのがわからなかった」「本当はもっと遊びたい」ということだった。
10:45	・シュンが再び遊びに加わる。		・「一緒に『また入れて』と言おう」と誘うとうなずいたので、戻れるよう子どもたちに話をする。しかし、もう少し待って子どもたちに任せたほうがよかったかもしれないと疑問が残った。

片づけ

片づけを心地よい時間にするための工夫を考えよう

環境から…
- 子どもが扱いやすい掃除用具をそろえる
  大きさや形、数量
- 片づけ方がわかりやすい環境をつくる
  入れ物や表示など
- 遊びの続きを意識した片づけを考える
  遊びごとに片づける場所やかご類

保育者のかかわりから…
- 子どもの思いを受け止める　遊びの場への思いなど
- モデルになる　保育者自身が片づける
- 工夫している子を認める　自信が得られる場にする
- 達成感が味わえるようにする　「きれいになって気持ちいいね」などの声かけ

> **Point**
> **片づけは遊びの延長線上**
> 片づけを「子どもが身につけなければならない生活習慣」という観点のみで捉えるのではなく、遊びとの関連で捉えることも必要です。遊びのなかで必要なものを自分たちで出し、それを使って十分に遊び込んでいれば、片づけもスムーズということがあります。

実習日誌

時間	子どもの活動	保育者の援助	実習生の動き・気づき
10:45	・ドーナツ屋さんでは、みんなで猫耳やしっぽをつけてネコのドーナツ屋さんになっている。ついたてやキッチン台なども移動して自分たちの場を作っていた。 ・「ええ〜！」とアミが不満気に言う。 ・「うん、そうだね。これ取っておいていい？」とミホ。	・「ドーナツ屋さんのみんな、もうお片づけの時間なの〜」とドーナツ屋さんの子どもたちに言う。 ・「そんなに困っちゃった？　また明日も続きができるから」と話す。 ・「じゃ、ドーナツはこのかごに入れようか」と、かごを子どもに渡す。	・子どもたちと一緒に積み木などを運んでいた。 ・保育者は、一つ一つの遊びの様子を見ながら声をかけていった。片づけるものがたくさんある遊びには早めに声をかけているように感じた。 ・子どもたちの気持ちを受け止めて、遊びの続きができるような片づけの仕方を提案していた。
10:55	・「大丈夫！　全部私たちがきれいにする！」とアミ。 ・ドーナツ屋さんでも使っていた製作コーナーのテーブルの下に、小さな紙片が散らばっているのを見つけたカナが「先生、散らかっちゃってる」と言い、掃除セットをもってくる。	・「ここ、いっぱいいろんなものが出ているけど、大丈夫？」と、心配そうに声をかける。 ・「あらあら、みんなのお部屋が散らかっちゃった。カナちゃん、よく気がついたね」と声をかけながら、外の片づけの様子を見に行く。	・いろいろな道具をテキパキと元の場所に戻す様子から、もののある場所がよくわかっていることがうかがえた。 ・子どもサイズの掃除セットがあることと、保育者からの認めの言葉で、子どもたちのやる気が引き出されたように思う。

0歳児 1歳児 2歳児 3歳児 **4歳児** 5歳児 異年齢児

みんなで一緒の遊び（玉入れ）

保育者は何を経験してほしいと考えているのかな

- ルールのあるゲームに参加する楽しさ
- 目標に向かって玉を投げるおもしろさ
- チームで競うときのドキドキした気持ち
- チームを応援したり、応援されたりする楽しさ
- みんなで玉を数えるときのわくわく感
- 勝ったときのうれしさ
- 負けたときの悔しさ

子どもたちに気づいてほしいことはどんなことだろう

- みんなで同じ目的に向かう楽しさ
- 気持ちを合わせる心地よさ
- ルールを守ったほうが楽しくゲームが行えるということ

ルール　かごに玉をたくさん入れたほうが勝ち　線のところから走っていき線に戻る　合図で始め合図でやめる　など

実習日誌

時間	子どもの活動	保育者の援助	実習生の動き・気づき
11:15	・帽子をかぶって外に出る。	・子どもたちが外に出る前に、玉入れの用具を見えるところに出しておく。	・フウマが帽子を探していたので、「どこにしまったのかな」と言いながら一緒に探す。ロッカーの奥にあるのを自分で見つけてかぶり、急いで外へ行く。 ・子どもたちに声をかけたり、玉を拾えない子どもに玉を渡したりしながら一緒に活動した。 ・玉入れは初めて行うと聞いていたが、みんな楽しそうに参加していた。
	・玉入れの用具を見ると、「やりたい」と口々に言い、玉を拾って投げ始める。次々と子どもたちが集まり、玉入れが始まる。	・応援したり励ましたりしながら、一緒に遊びを楽しむ。	
11:30	・保育者が数えるのに合わせて一緒に数える。 ・カズマが「もう1回やりたい」と言う。ほかの子どもたちも「やりたい」と言う。 ・もう一度行う。 ・全部入れ終わると、みんなで玉の数を数える。	・ある程度入ったところで笛を吹き、「たくさん入ったね。いくつ入ったかな」と言いながら数え始める。 ・「じゃあ、もう1回ね」と言ってスタートの合図をする。 ・「みんなすごいなあ」「もっと難しくしてみようか」と言い、もう一組の玉入れかごと玉を出す。	・1回目は自由な感じで遊んでいたが、2回目は保育者が合図をして、一斉に遊び始めた。 ・声をそろえて玉を数えるのも楽しそうだった。
11:45	・好きなほうのかごに玉を投げ入れることを楽しむ。 ・カンナが「先生、男の子チームと女の子チームに分かれたほうがいいよ」と言う。 ・男女に分かれて玉入れをする。 ・リンが「先生、次に帽子の色でやってみたい」「赤がいい人はこっち」「白がいい人はこっち」と言う。	・「好きなほうに入れてみよう」と言い、スタートの合図をする。 ・「おもしろそうだね、やってみようか」とカンナの意見に応える。 ・リンのアイディアをみんなに紹介し、「今度はそうしてみよう」と帽子の色に分かれて行う。	・いろいろなチームの分け方を子どもたちで決めていくのがとても興味深かった。 ・初めからチーム対抗戦にしないで、子どもたちが遊びのなかで分かれて遊ぶとおもしろいことに気づいたり、チームの分け方を考えたりするということがわかった。

全日指導計画　9月29日（月）　4歳児　こあら組　26名　（男児13名・女児13名）

子どもの姿	・空き箱や廃材など様々な素材を使って、遊びに必要なものを作ろうとする姿が見られる。 ・ごっこ遊びでは役割を意識しながら遊ぶ姿が見られる。自分たちで場所を整えたり、必要なものを作って身につけたりして役になっている。 ・遊びのなかで自分が考えたことを友達や保育者に話したり、自分なりにやってみようとしたりしている。 ・もののある場所がよくわかっていて、自分たちの遊んだ場所を友達と一緒に手際よく片づける子どもが多く見られるようになってきた。一方で、片づけへの意識が薄い子どももいる。 ・運動会に向かう活動やドッジボールなど、子どもたちだけでも簡単なルールのある遊びを楽しめるようになってきた。ルールについての理解や認識の個人差からトラブルになることもある。 ・運動会に向けて、みんなで一緒に活動することの楽しさを味わっている。	ねらい及び内容	○考えたことを言葉で伝え合い、共通のイメージで遊びを楽しむ。 ・友達と一緒に遊ぶことで、イメージを広げる。 ・ごっこ遊びや運動遊びに必要な物を準備したり作ったりする。 ・友達の動きや作ったものを見て、自分に取り入れようとする。

1日の生活の流れ / 予想される子どもの活動

時間	流れ		
8:50	登園		
	好きな遊び		
11:00	片づけ		
11:15	運動会に向かう活動（障害物競争）		
12:20	昼食		
13:30	降園準備		
13:30	担任とのひととき		
14:00	降園		

登園

＊気持ちよく一日をスタートできるように
・一人一人に挨拶をしながら、子どもたちの様子を確認する。
・本日の活動について知らせ、期待感が膨らむような声かけをする。

〈保育室〉

```
┌─────────────────────────────┐
│  ┌─────────┐     ┌──────┐  │
│  │ドーナツ屋さん│     │ままごと│  │
│  └─────────┘     ├──────┤  │
│                  │学校ごっこ│  │
│                  └──────┘  │
│                   ┌────┐    │
│                   │ピアノ│    │
│                   └────┘    │
│  ┌─────────┐     ┌──────┐  │
│  │製作コーナー│     │ 車作り │  │
│  └─────────┘     └──────┘  │
└─────────────────────────────┘
```

製作コーナー

＊作ることを楽しめるように
・作りたいものをイメージしやすいように、空き箱や空容器、ペットボトルのふたや紙類などを分類して置いておく。

好きな遊び

ままごと・学校ごっこ

＊共通のイメージをもって遊べるように
・ままごとから発展して学校ごっこの場ができたので、学校ごっことままごとを行き来しながら遊ぶことが予想される。子ども同士が同じイメージで遊びを続けられるよう、声をかけたり必要なものを一緒に作ったりする。

車作り

＊友達を意識しながら遊べるように
・同じ場にいてもそれぞれの思いで遊んでいる様子が見られる。少しずつ友達を意識しながら遊べるように保育者も遊びに入り、互いにしていることを知らせながら、友達を意識して遊べるようにしていく。

ドーナツ屋さん

＊友達を意識しながら遊べるように
＊友達のよいところを取り入れたり、自分なりに工夫したりしながら作ることを楽しめるように
・イメージしたことが形にできるよう、多様な材料を準備しておく。
・それぞれの工夫を認め、周囲の子どもたちに知らせることで、友達のよいところを取り入れながら作ることができるようにしていく。

○簡単なルールのある遊びを友達と一緒に遊ぶ楽しさを味わう。 ・ドッジボールや玉入れを通して、みんなと一緒に遊ぶ楽しさを味わう。 ○自分のことは自分でしようとする。 ・片づけや衣服の着脱などを進んでやる。	**環境への配慮** ・昨日の遊びの続きができるように場を整えておく。また、必要な材料や道具を子どもたちと一緒に準備できるようにしておく。 ・玉入れや玉運び競走など、運動会に向けての活動を子どもたちでできるよう、用具などを扱いやすい場所に準備しておく。 ・片づけへの取り組みに差が見られるので、片づける場所を明確にしたり、子どもにも扱える掃除用具をそろえたりして、自分たちで行えるよう支えていく。 ・クラス間の行き来が盛んになってきたので、他クラスの保育者と連携をとり、子どもの状況を把握する。また、担任とのひとときに、それぞれの遊びを伝え合う時間をとり、クラスの友達の遊びや様子に意識を向けられるようにする。

及び保育者の援助

ドッジボール・玉入れ

＊ルールを守って遊ぶことを楽しめるように
・ルールの理解に差があるので、保育者も遊びに加わりながら、ルールを知らせたり子ども同士で教え合ったりできるよう橋渡しをしていく。

＊体を動かして遊ぶ心地よさを味わえるように
・玉入れや玉運び競走を全員で楽しんだことがきっかけで、自分たちでもやってみようとする姿が見られる。
・外で思い切り体を動かして遊ぶ心地よさを味わえるよう、保育者も積極的に遊びに加わり楽しんでいく。
・水分補給や汗ふきなど、子どもの動きに合わせて適宜声をかけていくようにする。

片づけ

＊自分から進んで片づけができるように
・遊びの続きを期待しながら片づけができるように、一つ一つの遊びに声をかけていく。
・「遊びの場をとっておきたい」という要望が出たときには、隅に寄せたり必要なものをかごにまとめて入れたりして、工夫して片づけができるようにする。

> 「アキレスケンタウルス体操」
> 作詞：福田りゅうぞう
> 作曲：平田明子
> 補曲：福田りゅうぞう
> 『とんぼのうんどうかい』
> 絵・文：かこさとし
> 偕成社刊

運動会に向かう活動　→部分指導計画 p.92

障害物競走

＊友達と一緒に体を動かして遊ぶことを楽しべるように
・運動会で行う障害物競走を全員で行う。何度か経験しているので、多くの子どもはやり方を理解し自信をもって取り組むようになってきた。「できない」と言う消極的な子どもにはそばで励まし、必要に応じて手伝うことで遊びが楽しめるよう支える。
・まだ暑さが残り、汗をかくこともあるので、汗をふいたり、着替えたりできるように適宜声をかける。

昼食

＊自分で準備ができるように
・テーブルふきや片づけなど、自分たちでできるところは任せるようにする。やりたい子どもが多いので、順番や交代して行うことも知らせていきたい。

担任とのひととき・降園　→部分指導計画 p.93

＊明日を楽しみに、落ち着いた気持ちで降園できるように
・ダンス「アキレスケンタウルス体操」、絵本『とんぼのうんどうかい』を楽しむ。
・友達に知らせたいことをみんなの前で話す時間をもち、お互いの遊びに興味がもてるようにする。
・体調に変化がないかどうか確認しながら、一人一人と挨拶をする。
・2号認定と預かり保育の子どもは移動するように話す。

＊保育者の援助のポイント　・援助の内容

部分指導計画　運動会に向かう活動

9月29日（月）11：00〜11：30　4歳児　こあら組　26名（男児13名・女児13名）

ね ら い	○簡単なルールのある活動をみんなで行うことを楽しむ。 ○体を動かす心地よさを味わう。	内 容	□障害物競争のルールがわかる。 □自分でがんばったり、友達を応援したりする。

時間	環境の構成	予想される子どもの活動	保育者の援助
11：00	・子どもが活動する場所に危険なものがないか、ごみなどがないかを朝のうちに点検し、安全で気持ちよい環境を整えておく。 ・障害物競走「たんけんにしゅっぱつ」に使用する用具を園庭の隅に移動し、準備しておく。	○保育者の前に集まる。 ・保育者の話を聞く。	・全員がいることを確認すると同時に、体調が悪そうな子どもや表情がすぐれない子どもがいないかどうか注意して見る。 ・これから園庭で、運動会のときに行う障害物競走をやってみることを話す。先週欠席していて初めて参加する子ども（ノゾミ）や苦手意識がある子ども（シュン）がいるので、ほかの子どもに先週体験して楽しかったところを聞き、やってみたいという気持ちになるようにする。
11：05	スタート ②① ③ ④ ゴール ①一本橋（巧技台） 　一本橋渡り ②ジャングル（ネット） 　ネットくぐり	○園庭に移動する。 ・トラックの中央に集まる。 ・障害物競走「たんけんにしゅっぱつ」のルールを聞く。	・園庭に出たら、準備していた用具を子どもたちと一緒に所定の場所へ移動し、固定する。 ・運び終えたら、いつものところ（トラックの中央）に並ぶことを伝える。 ・全員がいることを確認し、障害物競走のやり方やルールについて話し始める。楽しい気持ちで参加できるよう、探検に出発して川を渡ったり、ジャングルに突入したり、坂道や山登りがあるなどを話す。
11：15	③坂道（マット） 　横転がり ④山登り（跳び箱） 　跳び箱に登ってジャンプ 園庭や遊戯室で活動を行いたいときや園の備品を使用するときには、ほかのクラスとの調整が必要なこともありますので、かならず前もって担当の先生に相談することが必要です。	○障害物競走「たんけんにしゅっぱつ」に参加する。 ・並んで自分の番を待つ。 ・ルールを理解して、競技に参加する。 ・友達を応援する。 ・何回か行う。 ○話し合う。 ・がんばったところ、次はがんばりたいところなどを出し合う。 ○用具をみんなで片づける。	・また、探検に行くには守らなければならないルールがあることを伝える。具体的にそれぞれの場所に行き、「一本橋の途中で落ちたらどうするか」などと問いかけ、子どもが気づけるようにしていく。 ・一生懸命にやることが一番大切なことを話し、競争を始める。 ・ゴールしたら、また同じ列に戻って座ることを伝える。 ・一生懸命、跳んだり走ったりしている姿や友達を応援している姿を認め、それぞれに充実感がもてるようにする。 ・がんばったところや工夫したところなどを話し合い、次回への期待につなげる。 ・今日のがんばりを認め、終わりにする。汗をふいたり、うがいをして保育室に入ることを伝える。
11：30		○汗をふいたり、うがいをしたりする。	

評価の観点	・ルールを理解し、障害物競争に参加していたか。 ・のびのびと体を動かしたり、友達を応援したりしていたか。 ・ルールの伝え方や用具の準備は適切であったか。 ・友達と一緒に参加したいと思えるような雰囲気をつくることができたか。

部分指導計画　担任とのひととき・降園

9月29日（月）13：20〜14：00　4歳児　こあら組　26名（男児13名・女児13名）

ねらい	○みんなで一緒にする活動に喜んで参加する。 ○友達の話に興味をもつ。	内容	□みんなで同じ動きをすることを楽しむ。 □喜んで絵本を見る。 □友達に知らせたいことを話したり、友達の話を聞いたりする。

時間	環境の構成	予想される子どもの活動	保育者の援助
13：20	・連絡帳を机の上に並べておき、自分のものを持っていけるようにしておく。	○降園準備をする。 ・排泄、手洗いをする。 ・タオル、連絡帳をカバンにしまう。 ・いすを保育室の隅に並べる。 ・帽子、カバン、水筒を用意する。	・忘れ物がないかどうか声をかける。 ・今日はみんなで体操をするので、空間を広くとっていすを並べるように伝える。「このくらいまでね」とわかりやすいように目安のいすを並べる。 ・いすの上にカバン、帽子、水筒を置いて、真ん中に座るように言う。
13：30	（図：いすの配置） 準備するもの 　連絡帳 　影絵クイズ（画用紙） 　CD 　『アキレスケンタウルス体操』 　絵本 　『とんぼのうんどうかい』	○クイズに参加する。 ○「アキレスケンタウルス」の体操をする。 ・みんなで体を動かしたり声を合わせたりすることを楽しむ。	・全員がそろうまで、影絵クイズをして待つようにする。 ・全員がそろったことを確認し、今からみんなが楽しみにしている「アキレスケンタウルス」の体操をすることを伝える。アキレス腱がどこかを個々に確認し、そこをしっかり伸ばす体操だという話をする。 ・かけ声をかけるところを楽しんでいるので、みんなで声を合わせられるように、前もって「次は○○だよ」などと伝えていく。 ・みんなで同じ動きをしたり、声を合わせたりする心地よさが味わえるようにしていく。
13：40		○絵本『とんぼのうんどうかい』を見る。	・運動会が近づいてきたことを話し、『とんぼのうんどうかい』の絵本を読む。全員に見えているかどうか確認する。
13：50	保育のなかで使用するCDや絵本、紙芝居、歌、手遊びなどは、きちんと題名を書きます。表記に間違いがないように実物を見たり調べたりしてから書きましょう。	○みんなに知らせたいことを話したり、友達の話を聞いたりする。 ・好きな遊びでのこと ・運動会に向けてのこと ・生活のなかで困ったことや生活のなかでうれしかったこと　など ○降園する。 ・保育者や友達に挨拶をする。	・「今日はみんなどんなことして遊んだのかな？」と聞き、初めは遊んだことを話し、そこからがんばったことやうれしかったことなど自分の思いや考えを話せるように配慮する。いろいろな遊びの話をし、明日の遊びへの期待につながるようにする。お店屋さんをしていたグループには、明日は買いに行けるかどうかを聞き、ほかの遊びと触れ合うきっかけをつくる。
14：00			・一人一人と挨拶を交わしながら、体調や表情を確認する。

評価の観点	・体操や絵本の読み聞かせ、話し合いなどみんなでする活動に喜んで参加していたか。 ・知らせたいことを話したり、友達の話を聞いたりすることを楽しんでいたか。 ・みんなで気持ちを合わせることの心地よさが伝わるような活動だったか。 ・明日の遊びを楽しみにして降園する雰囲気があったか。

練習してみよう

下の場面を記述してみましょう。

何をしているんだろう

保育者はどんなことに配慮してるのだろう

どんな経験をしているのかな？

実習日誌

時間	子どもの活動	保育者の援助	実習生の動き・気づき
10:00	・「年長さんがやっているみたいなリレーがやりたい」とフウマが保育者に話す。 ・「先生、年長さんたちが持って走っていたのを作りたい」と言う。 ・フウマが「これで作ろう」と段ボール紙をもってくる。 ・できたものを持って「リレーやりたい人いませんかー」と呼びかけると、「やりたい」と集まってくる。	・「じゃ、『やりたい人おいでー』ってみんなを誘ってみたらどうかな」とフウマに話す。 ・フウマの話をよく聞き、「丸いのかな？　どうやって作ろうか」と一緒に考える。 ・一緒に段ボールを丸く切り抜き、マジックで色を塗って２つのリングバトンを作る。	・昨日、５歳児のリレーをみんなで応援したことが印象に残っていたのだと思った。後で先生に、「ほかのクラスの活動に刺激されて遊びが始まることが多い」と聞き、互いに人的環境になっているということがよくわかった。 ・ ・
10:15	・フウマが「じゃ、赤チームと青チームね」と言うと、「ぼく、赤チーム！」「ぼくは青」と口々に言う。 ・「先生、合図して」と言う。 ・バトンを手にうれしそうにフウマが走り出す。	・子どもたちの後ろのほうから様子を見守り、話を聞いている。 ・「よーい、どん」と合図をして、走っている子どもを応援する。	・
10:25	・順番が決まっているわけではないが、次々にバトンを渡しながら何度も繰り返し走る。	・バトンを渡すとき、ぶつからないように声をかけたり、「ここで待ってようね」と待つ場所を示したりする。	

★この後どうなったか想像してみよう。

Column

木村由希
常磐短期大学

同じ「パン屋さんごっこ」でも
経験していることを捉えるということ

　ある日のこと、保育園の5歳児クラスをのぞくと、何やらいい匂い。
「いい匂いね、何の匂い?」と尋ねると、「パンだよ。今焼いてるところ」と得意げな表情で答えるチホ。担任に聞いてみると、パン屋さんごっこで遊んでいたチホ、マナミ、ハルカの「本当に食べられたらいいのに……」という言葉がきっかけとなり、イースト菌とオーブントースターを使ってパン作りが始まったとか。

　乾燥したイースト菌に温水を加えてしばらくすると、ブクブクと発酵してくる様子や、時間の経過とともにパン生地が膨らむ様子に、ほかの遊びをしていた子どもたちまでやってきて「すごい」「不思議」と目を輝かせていたそうです。その後、焼けたパンは少しずつみんなで分けて食べました。一人分はほんのひとかけらでしたが、生地から自分たちで作ったパンに、チホたちはもちろん、クラスの子どもたちもうれしそうでした。

　また別の日。3歳児クラスの保育室の一角には積み木と板で作った台が置いてあり、「ぱんやさん」と書かれた紙が貼られています。その後ろで3人の子どもがせっせと紙粘土を丸めていて、どうやら「ぱんやさん」で売るパンを作っているようです。できあがったパンはトレイに並べて、段ボール箱で作ったオーブンに入れたり出したり……。担任に尋ねると、紙粘土は乾くと色を塗ることができるので、子どもたちが好きなように形をつくったり色を染めたりして、発想豊かなパンを作ってほしいと考えたとのことでした。

　同じ「パン屋さんごっこ」でも、子どもの年齢・発達が異なれば、遊び方もねらいも変わってきます。科学的なことに興味関心が向いてきたり、"本物らしさ"を求めたりするようになってくる5歳児では、イースト菌や小麦粉で本物のパンに挑戦してみる、3歳児では、扱いやすく形にしやすい紙粘土で豊かな発想や工夫を引き出し、十分に遊びを楽しむことを大切に考えるというように、子どもの姿やねらいに応じて、同じ「〇〇ごっこ」でも素材や用具等、環境を考えていく必要があります。

　ですから、実習日誌に書く際にも"パン屋さんごっこをして遊んでいる"ことではなく、子どもたちが"パン屋さんごっこで、どのような経験をしているか""そのためにどのような環境を整えているか"を丁寧に見取って記入し、翌日への保育につなげることが大切です。

5歳児
5歳児の育ち

園内の環境を活用し、自分の力を発揮しながらいろいろなことに挑戦したり、工夫したりして遊ぶようになります。同じ目的をもって友達と相談しながら遊びや活動に取り組み最後までやり遂げようとする姿も見られます。身近に住んでいる多様な人と交流したり、身近な環境や自然に興味・関心をもってかかわったりすることで、いろいろなことに気づいたり発見したりしながら世界を広げていきます。

生活

見通しをもって園生活を楽しみながら主体的に生活するなかで、基本的な態度や生活習慣が身についてきます。当番の活動などにも積極的に取り組みます。年下の友達が泣いていたり困っていたりすると、優しく声をかける姿も見られます。

遊び

園内のいろいろな場所で工夫して遊ぶ姿が見られます。子どもだけでできることもだんだん増え、少し難しいことにも挑戦しようとします。自分の考えを伝えたり、友達のアイディアを取り入れたりしながら遊びを進め、実現していく楽しさを味わうようになります。

春

　園で一番大きいクラスになったことを自覚し、はりきって生活する様子が見られます。気の合う友達と一緒にのびのびと体を動かしたり、昨年の5歳児がしていた遊びに挑戦したりします。帰りの会などで、見つけたことや気づいたこと、うれしかったことや困ったことなどを話したり、友達の話を聞いたりし、いろいろなことをみんなで考えていくようになります。

夏

　遊びのなかでやりたいことがはっきりし、必要な物を準備したり自分たちで作ったりしながら遊びを進めていきます。様々な素材や道具の使い方にも慣れ、自分たちで試したり工夫したりして思いを実現させようとする姿が見られます。一日の見通しをもって、活動の準備や身のまわりの始末をするようにもなります。

| 0歳児 | 1歳児 | 2歳児 | 3歳児 | 4歳児 | **5歳児** | 異年齢児 |

実習生の心構え

5歳児になると、身のまわりのことはほとんど自分でできるようになります。遊びも自分たちで考えたり工夫したりして進めていく姿が見られます。友達と協力しながら主体的に生活できるようにするにはどのような援助が必要かを考えていくことが大切です。

秋

走ったり跳んだり投げたりして、力いっぱい運動する楽しさを味わうようになります。チーム対抗のリレーなどに積極的に参加し、勝つ喜びや負ける悔しさを経験します。身近に生活している人と交流したり、身近な自然にかかわったりして、気づいたことや発見したことを友達や保育者に話す姿も見られます。

冬

縄跳びやこま回し、一輪車乗りなど、自分なりの課題をもって挑戦し、友達と教え合ったり励まし合ったりしてがんばる姿が見られるようになります。みんなで同じ目的に向かって話し合い、工夫してやり遂げ、達成感を味わいます。小学校への関心や期待も膨らみ、就学を楽しみにする様子が見られるようになります。

5歳児の生活

ヒーローショーごっこ

ヒーローショーごっこで何を楽しみたいと思っているのかな?

- 手裏剣を作って投げて遊ぶ　　表現　健康
- 修行の場をつくる　　環境　表現
- 活発に体を動かして遊ぶ　　健康
- 同じ衣装を身につけて音楽に合わせて踊る
　　人間関係　表現
- お客さんに見せる　　表現　言葉
- お客さんに見せるための準備をする
　　環境　人間関係　表現

保育者の意図を考えてみよう

衣装の材料を用意したり、作った衣装をすぐに出せるようにしてあることから…
- 友達の工夫を取り入れながら自分で衣装を作ってほしいと思っている
- 新たな友達関係ができつつあるので、だれでも入れる雰囲気づくりをしている

保育者は少し離れたところから見守っていることから…
- 自分たちで遊びを進めてほしいと思っている
- 仲間と気持ちを合わせて遊ぶことを体験してほしいと思っている

どんなことを話し合っているのだろう

何かトラブルがあったのかな…
- 友達の考えを聞かず、自分の考えだけで遊びを進めようとした
- 思い違いがあり、けんかになった

> **Point**
> **エピソードを記録する**
> エピソード記録は、一日の保育のなかで印象に残った場面や出来事と、それに対しての考察や反省を書いていく記録の方法です。

エピソード記録

　6～7人の子どもがテレビ番組のヒーローになって遊んでいた。ダンスの振りをよく知っているアキラとリョウコのアイディアでショーをやることになった。そして、交代でステージに出たり入ったりして最後に全員でポーズするという流れを決めていった。
　何度か繰り返していると、突然ダイキが音楽を止め、「ステージの後ろに入って、また出てくるのは大変だよ。めんどくさい！」と言い、リョウコは「全員でポーズしてないのに、勝手に止めないで」と強く主張する。アキラ、キョウコは「裏に入ってまた出てきたほうがいい」とリョウコの意見に賛同する。ほかの3人は二人の言い合いを何も言わずに見ている。ダイキはだれも自分に賛成してくれないので、「もういい」と泣き出してしまった。
　少し離れたところからその様子を見守っていた保育者が、「どうしたの？」と言いながら話に入った。互いの思いを丁寧に聞き、それをまわりの友達に伝えていく。初めは途中で勝手に音楽を止められて怒りが収まらないリョウコだったが、「一度ステージに登場したら、退場せず端に移動して、全員でポーズをするときに次々に前に出てくるようにしてはどうか」というダイキの考えに耳を貸すようになり、ほかの子どもたちの「やってみる？」という提案にうなずき、みんなでやってみることになった。
　この様子を見ていて、保育者はある程度子どもたちに任せたいと考えて見守ったり、丁寧に双方の話を聞き橋渡しの役目を担ったりしているのだということがよくわかった。私はまだ、どこでどう子どもたちにかかわっていけばよいのか、かかわらないほうがいいのか迷うことが多いが、子どもたちに何を経験させたいのかを考えていくことが、かかわり方を考えていくことになるのだと気がついた。

| 0歳児 | 1歳児 | 2歳児 | 3歳児 | 4歳児 | **5歳児** | 異年齢児 |

プリンセスミュージカルごっこ

★ どんなメンバーで遊んでいるのだろう

- いつも同じメンバーで遊んでいるのかな
- どんなつながりなのかな
- 遊びが魅力的なので集まってきたのかな
- 誰が遊びのアイディアを出しているのかな
- アイディアは受け入れられているのかな
- 必要なものを作っているのは誰かな

★ 遊びの要素は？

- 必要なものを自分で作ったり、場所を整えたりする　　[環境] [表現]
- 友達とアイディアを出し合う　　[人間関係]
- 自分の考えを言ったり、友達の考えを聞いたりする　　[言葉] [表現] [人間関係]
- 一緒に歌ったり踊ったり、司会をしたりする　　[表現] [健康]

実習日誌

時間	子どもの活動	保育者の援助	実習生の動き・気づき
9:20	・昨日ミュージカルごっこをしていた子ども3人で、ミドリが登園してくるのを待っている。 ・保育者の言葉に顔を見合わせ、どうすればいいかわからない様子でふらふらしている。 ・ミドリが登園して衣装を着ると、ほかの子どもたちも衣装を着て用意する。ミドリに「ミサキちゃんはこっちでしょ」と言われ、ミサキは衣装を取り換える。 ・ミドリが「握手とかサインとかすることにしよう」と言うと、ほかの子どもも賛成し、紙やペンを用意する。	・昨日の遊びの続きを自分たちで始められるように、環境を整えておく。 ・「ミドリちゃんが来るまで、練習しておいたら？」と声をかける。 ・ミドリの強い言い方が気になったのか、「ミサキちゃんはそっちでいいの？」とミサキの気持ちを確認し、「もっと優しく言うといいかもしれないわね」とミドリに話す。	・子どもたちは昨日の続きをしようとミュージカルごっこの場所に来るが、遊びださないのが不思議だった。ミドリの指示で衣装を着たり、場所をつくったりしていたので、ミドリのイメージで遊びが進んでいると感じた。ほかの子どもたちも、ミドリのアイディアで遊ぶことを楽しんでいる様子だった。 ・「ミドリのリードで遊ぶことが今は楽しそうなので、見守っているが、まわりの子どもたちからの考えや思いが出てくることを期待している」と保育者から聞き、見通しをもって保育をしていくことが大切なのだと感じた。
9:40	・音楽に合わせて、プリンセスになりきって楽しんでいる。	・観客として遊びの様子を見守っている。	

Point　友達関係を観察して
友達同士で遊んでいるときには、「みんなで楽しそうに遊んでいる」「協力して作っている」など目に見えることだけではなく、どのような友達関係（力関係）で遊んでいるのかを見取っていくことが大切です。これまでの友達関係の状況や保育者がどのような関係になってほしいと考えているかなどを、子ども同士の会話や保育者の言葉がけなどから探っていきます。それが、一人一人の内面を理解することにつながるとともに、援助の方向を探ることにもなります。わからないときには担任に聞き、次の日にその視点をもって観察してみましょう。

竹馬乗り

挑戦するときの子どもの気持ちを探ってみよう

- ○○ちゃんがやってるから、やってみようかな
- あんなふうにできるとかっこいいな
- できたらうれしいな
- 失敗すると恥ずかしいな
- 転んだら痛いかな

どんな環境だと挑戦したくなるのだろう

- まねしたくなるモデルがいる
- 段階的に挑戦できる環境がある
- 挑戦したいときにできる
- 励ましてくれる保育者がいる
- 結果ではなく過程を認める雰囲気がある
- 喜び合える友達がいる

挑戦しない子どもには、どうかかわればいい?

- 本当はやりたい気持ちがあるのかもしれないな
- なぜやろうとしないのかな
- 無理にでも誘ったらどうだろう
- 自信がない様子だな、自信をつけるためには何が必要かな
- 「失敗しても大丈夫」というメッセージを伝えたいな

> **Point**
> **結果ではなく過程に注目して**
> 「できる」「できない」が目に見える事柄は、つい結果だけに注目して評価しがちです。でも大切なのは挑戦しようという意欲や、目的に向かって努力している過程です。日誌にも結果だけを書くのではなく、その過程を捉えて書くようにしましょう。

実習日誌

時間	子どもの活動	保育者の援助	実習生の動き・気づき
10:40	・アイコたち3人は、はりきって竹馬を持ち出し、練習し始める。ヒトミは竹馬を持ってきたものの、3人の様子をじっと見ている。	・登園前に竹馬を目につくところへ移動し、初めて挑戦する子どものために、靴下をぬぐ場所と台を用意しておく。 ・子どもたちが挑戦する様子を見守りながら応援したり励ましたりしている。 ・ヒトミの横で、「アイコちゃん、がんばっているね。最初はちょっと怖いよね。先生も挑戦してみようかしら」などとつぶやく。	・アイコが「竹馬練習するんだ」と言いながら園庭へ出て行ったので、一緒に園庭に移動する。 ・アイコたち3人は、竹馬に乗れるようになりたいという気持ちにあふれているが、ヒトミは尻込みしているように感じられた。保育者は友達の様子をじっと見ているヒトミの気持ちを尊重し、無理に誘うことはしなかった。ヒトミが自分から挑戦したくなるのを待っているのだろうと思った。
11:00	・ヒトミが竹馬に乗ろうとする。 ・「ヒトミちゃんがんばれ」という声がアイコから上がる。	・少し離れて様子を見ていた保育者が、ヒトミの竹馬を持って補助する。	・子どもたちが挑戦する様子を応援する。 ・保育者はほかの子どもたちを応援しながらも、ヒトミが竹馬に乗ろうとしたときを見逃さず、「大丈夫だよ」「イチ、ニー」と声をかけ、さりげなく補助していた。一人一人の取り組み方に違いがあるので、個々の内面を読み取り、その子に応じた配慮をしているのだと思った。

| 0歳児 | 1歳児 | 2歳児 | 3歳児 | 4歳児 | **5歳児** | 異年齢児 |

自然とのかかわりのなかで
ピーマン、キュウリ、ナスなどの苗を植え、育てる

何を話しているのかな？

- こんなに大きくなったよ
- 毎日水やりしたからかな。草取りもしたよ
- 先の方にしぼんだ花がついている
- とげがあるよ
- 食べてみたい
- どうやって食べようか
- みんなの分あるかな

保育者はどんなことに配慮しているのだろう

栽培している野菜を身近に感じられるように…
- 日常的な話題・栽培の場所の検討・当番活動

子どもたちの発見をうながすように…
- 発見したことを受け止め、伝える機会を設ける

園で野菜を育てることにはどんな意味があるのだろう

- 食べ物に対する興味や関心を高める
- 自ら進んで食べようとする気持ちを育てる
- 野菜の生長と自分たちが行った世話の関係を知る
- 豊かな感情や好奇心、思考力を引き出す
- 自然の美しさや不思議さに触れ、自然とのかかわりを深める

 エピソード記録

　遊びの片づけをして、全員が保育室に集まった。保育者が「さっき、野菜に水をやっていたヒロシくんが何か見つけたんだって。聞いてみようね」と言うと、ヒロシが得意気に「キュウリとナスが大きくなってた。もう食べられそうだったよ」と話す。保育者が「そうなんだって。みんなで見に行ってみましょう」と畑に行くことを提案すると、子どもたちは大喜びで帽子をかぶり、園庭の脇の畑に移動する。
　キュウリやナスを見つけて「本当だ」「大きくなってる」と言う子どもたち。保育者は全員が集まったことを確認すると、キュウリやナスがなっている様子を交代で見せる。そして、全員に向かって「みんなで植えたキュウリとナスがこんなに大きく育ちました」「今日はこれを収穫して、みんなで味見をしたいと思います」と話し、「今日のお当番さんに採ってもらいましょう」とヒロシにはさみを渡して収穫をうながした。「いいな～」「私もやりた～い」の声に、「後で順番ね」と言う。キュウリとナスを1個ずつ収穫し保育室に戻る。
　保育室に戻ると、保育者は用意しておいた包丁やまな板、塩を机の上に出し、まわりに子どもたちを集める。そして、収穫物を薄く切り浅漬けを作って、一口ずつみんなで食べる。
　包丁やまな板が保育者専用の戸棚の中に用意してあったのを見て、保育者は子どもたちが野菜の生長に気づくことを待っていたのではないかと思った。ヒロシの気づきを受け止め子どもたちに伝え、みんなの体験へと導いていた。子どもは自分たちで育てた野菜を食べるうれしさ、達成感を味わっていたように思う。野菜嫌いな子も食べていたと聞き、食育の面からもこのような体験は貴重なのだと感じた。また、キュウリとナスの生長の様子を共有するために写真を保育室に貼ってあったり（本日の様子も保育後に足していた）、図鑑や絵本を置いておいたりすることで興味・関心を高めていたのではないかと思った。

当番活動

何をしているのだろう

何を運んでいるのかな…
- 自分のものではなさそうだ

当番の仕事をしているのかな…
- 生活の見通しをもち、自分たちで気がついたのかもしれない

やることが決まっているのかな…
- 必要感があるのだろう
- みんなで考えて（話し合いなどで）決めたのだろう

当番活動の意味を考えてみよう

- 自分たちの生活を自分たちでつくり出していけるように
  必要感が出てきたときに話し合いで決める
- みんなの役に立っているという気持ちを味わえるように
  感謝の気持ちを表現する
- 責任をもって最後まで行えるように
  当番同士で声をかけ合い協力する

エピソード記録

　戸外から帰ってくると、アオイがハヤトに「今日、お当番だよね。早く行かなきゃ」と言っている。ハヤトは、ハッとして「そうだね。リオナちゃんとチホちゃんにも言わなきゃ」と二人を探して伝える。4人がそろうと、アオイが「じゃ、ぼくとリオナちゃんでお弁当箱取りに行ってくるから、ハヤトくんとチホちゃんはテーブルふいておいてね」と早口で言う。「じゃ、取ってくるね」と、職員室に置いてあるみんなのお弁当を取りに行った。
　ハヤトとチホは、用意してあった台ぶきんを絞り、テーブルをふき始める。保育者が「あら、今日は先生が言わなくてもお当番さんのお仕事をやっているのね」と認めると、「うん、アオイくんたちが弁当取りに行ったよ」と得意そうに話す。保育者が「すごいね、もうお仕事完璧だね」と言っているところへ、お弁当を取りに行った二人が戻ってくる。
　さっそく名前を見ながら子どもたちへ配る。ハヤトがドンと乱暴に机に置くと、保育者が「中のご飯が飛び出しちゃったら大変よ。それに、投げて置かれたお友達はどんな気持ちかな？」と言う。ハヤトが小さな声で「ごめんね」と謝る。配り終えると、自分たちの弁当の準備をし、みんなの前に出て「いただきます」の挨拶をして食べ始めた。
　5歳児の当番活動の様子を観察して、子どもに「今日は自分が当番だ」という意識があり、自分から気づいて仕事をしていることに驚いた。生活の見通しをもっているし、当番がどんな役割を担っているかが子どもたちによくわかっているからではないかと思った。また、ハヤトが乱暴に配ったときに保育者が見逃さずに言葉をかけていたが、乱暴に置くことがだめだという言い方ではなく、乱暴に置くことでどうなるのか、相手の気持ちはどうかと考えさせる言葉をかけていた。そのような積み重ねが自分で考え行動するようになるためには大切だと思った。
　後で保育者に、当番が回ってくることに負担を感じる子どももいることを聞き、一人一人がどんな思いで当番活動を受け止めているかをよく理解しておく必要があると思った。また、当番の仕事や順番を決めるときにも、様々な話し合いをして決めてきたという話を聞いて、押しつけではなく子どもたちの主体的な活動となっていることがよくわかった。

降園前の担任とのひととき

どんなことを話しているのだろう

みんなに話したいことがあるのかな…
- 忍者のショーが始まりました。来てください
- プリンセスミュージカルに小さい組の人たちがたくさん見に来てくれたよ
- 竹馬をがんばったよ。もう少しで乗れるかも
- キュウリとナスがとてもおいしかったです
- 明日はぼくが当番だから、野菜が大きくなってたらとってもいい？

降園前の集まりにはどんな意味があるのだろう

- その日の遊びや生活の振り返りができるように
  みんなに話したいこと、楽しかったこと、うれしかったこと、困ったこと
- 共通理解ができるように
  生活の仕方や約束事、遊びのなかのルールなど
- 明日への期待がもてるように
  遊びの見通し、必要な物や材料、用具の確認
- 健康観察のために
  顔色、表情、けがなど

実習日誌

時間	子どもの活動	保育者の援助	実習生の動き・気づき
14:10	・降園の準備をする。 ・連絡帳、コップをリュックサックに入れる。 ・ロッカーの上に置いてあった製作物を丁寧に置き直す子どもや、持ち帰るために自分の袋に入れる子どももいる。 ・本日の遊びの話を聞いたり、話したりする。 　ヒーローごっこ 　プリンセスミュージカル 　竹馬　など	・忘れ物がないように、一人一人の様子を見守っている。 ・ロッカーの上に置いてある製作物について、明日も使うのかどうか確認し、使うのであればきちんと置いておくように言葉をかける。 ・今日の遊びのなかでがんばっていたことを紹介したり、困ったことや新たに必要な物などを聞いたりしながら、明日の遊びの見通しがもてるようにしている。	・身支度の時間を十分に取って、個々の様子を確認していた。コップを忘れている子どもには、「何か忘れていないかな？」と問いかけ、自分で考えられるようにしていた。 ・ロッカーの上に遊びのなかで作った物が置いてあり、明日も使うのか確認している。保育者が製作物を大切に扱うところを見せることで、一人一人の遊びを大切にしていることが伝わるではないかと思った。 ・それぞれの遊びの話を丁寧に受け止め、どのようにしていきたいのか聞くことで、遊びのメンバー同士の共通理解になるし、参加していない子どもたちへの刺激にもなると思った。
14:30	・童話『エルマーのぼうけん』の続きを聞く。	・「今日はエルマーがトラにあうところからだよね」と昨日の続きを読み始める。読みながら時々、子どもたちの様子を見て、反応を見たりつぶやきに応えたりする。	・『エルマーのぼうけん』の話を集中して聞いている。5歳のこの時期になると物語も聞けるようになるものなのだと思った。内容が育ちに合っているのだと感じた。

全日指導計画　　6月6日（木）　5歳児　そら組　27名　（男児16名・女児11名）

子どもの姿 / ねらい及び内容

- 昨年度同じクラスだった友達から、徐々に新たな友達にも目が向き始め、一緒に遊びを楽しもうとする姿が見られるようになってきた。様々な遊びに興味をもち、遊び同士の行き来も見られるようになってきた。
- 衣装作りなどでは自分のイメージや発想を形にしながら楽しんでいる。
- 友達同士でイメージや思いを伝えながら遊んでいるが、考えの違いから遊びをやめたり、けんかになったりすることもある。保育者が仲介することで相手の思いに気づく様子が見られる。
- 友達ががんばっている姿に刺激を受け、意欲的に挑戦したり、試したりする姿も見られる。
- 夏野菜や花の苗、飼育している小動物や虫などの生長や変化に関心をもち、世話をしたり、かかわったりしている。

1日の生活の流れ

9:00	登園／身のまわりの始末／好きな遊び
10:50	片づけ・トイレ
11:20	戸外遊びをする
12:30	片づけ・トイレ
12:45	給食を食べる
13:30	担任とのひととき
14:10	降園

登園する

- 挨拶をする
- 身のまわりの始末をする

○一人一人を明るく迎え入れ、挨拶することの大切さを知らせていく。
○生活の流れに慣れてきて、始末が雑になってしまうこともあるので、声をかけ意識させる。

＜環境図＞
- アクセサリー屋さん
- 製作
- ピアノ
- （ホール）ヒーローショーごっこ修行の場
- レストラン
- プリンセスミュージカルごっこ
- （廊下）飛行機とばし

【見守りたい子ども】

○E子　友達と一緒に遊びたい気持ちはあるが、気持ちが持続せず、まわりの状況や遊び方を理解できていないこともあるので、状況を知らせながら、友達とイメージが共有できるようかかわっている。

○D男　自分の思いどおりにしたい気持ちが強く、素直に相手の考えを受け入れられない面が見られる。自分を受け入れてくれる友達を選んでかかわっている様子も見られるので、友達とのやり取りなど引き続き見守っていく。

予想される子どもの活動

好きな遊びを楽しむ

アクセサリー屋さん

- 作ることを楽しんでいたが、3歳児に品物を買ってもらえたことが自信となり、自分たちで遊びを進めていこうとする気持ちにつながっている。

○コツコツと物事に取り組むメンバーではあるが、自信がない様子で友達のまねをしていることが多いので、一人一人の考えを受け止めながら、思いを実現できるよう支えていく。

製作

- 製作の場があることで、安心して遊び始めることができている。
- レストランやショーに必要なものを作る場となっている。

○遊びに必要なものを作ったり、作りたいものをじっくり作ったりできるように、いろいろな材料を用意する。一緒にかかわりながら、素材の性質や特徴に気づいたり、使い方や作り方を工夫したりしていけるようにする。

ヒーローショーごっこ

- 修行の場で活発に体を動かして遊ぶ子、同じ衣装を身につけて満足している子など、楽しみ方が様々だったが、ショーが始まったことを機に、一つのことをみんなで楽しもうとする姿が見られるようになった。
- 役割分担をしたりショーの流れを考えたりするなど、自分たちで遊びを進めていこうとする場面も増えてきたが、友達と意見がくい違いトラブルになることもある。

○友達と気持ちを合わせて取り組もうとする姿を認め、力を発揮できるようにする。
○意見を求められると黙ってしまったり、相手と思いがぶつかることを避けようとしたりすることもあるので、いろいろな考えがあることに気づけるよう、みんなで相談できる場をつくっていく。

○自分の思いや考えを伝えながら、友達と一緒に遊ぶことを楽しむ。 ・やりたい遊びを楽しみながら、友達とのつながりを感じる。 ・相手の気持ちを考えたり、受け止めたりしながら一緒に遊ぶ。 ○挑戦したり試したりしながら、自分の力を発揮して遊ぶ。 ・戸外でのびのびと体を動かしたり、竹馬に取り組んだりすることを楽しむ。	**環境への配慮** ・いろいろな作り方や素材を提供し、友達と一緒に考えたり工夫したりできる環境を整えていく。 ・園庭の固定遊具や自転車、竹馬などの安全確認を行っておくとともに、安全な遊び方を子どもと一緒に考えたり伝えたりし、安全を意識して遊べるようにする。 ・気温が高くなってきているので、衣服の調節や水分補給をうながし、子どもの体に負担とならないよう配慮する。 ・自分たちで植えた野菜や花の世話をすることで生長を楽しみにしたり、収穫を喜んだりできるようにする。

及び保育者の援助

レストラン

・H男のアイディアをもとに、メニューを徐々に増やしてきた。I男は自分の思いどおりにしようとするが、H男には技術面で敵わない部分があるので、遊びの進め方にずれが生じることもある。

> ○遊びに対するイメージや考えを互いに共有できるよう、相手の思いに耳を傾けながら、友達と一緒に遊びを進める楽しさを味わえるようにしていく。

プリンセスミュージカルごっこ

・昨年度同じクラスだった友達同士で人形遊びを楽しんでいたが、最近はなりきって遊ぶことに目が向き始めている。
・C子のイメージや発想に魅力を感じ、一緒に遊んでいるが、C子の都合で物事が進んでいくことも多い。

> ○行動力のあるC子にまわりも頼ることが多いが、少々強引に進めてしまうところに困惑している様子も見られる。保育者が間に入って思いを確認したり、相手への気持ちの伝え方を知らせていく。

当番活動をする

・みんなで決めた当番の仕事を順番で行うことになった。今のところ回ってくるのを楽しみにし、張り切って仕事をしている。

> ○様子を見守りながら、必要なときにはみんなで考える機会をもつようにする。

片づけをする

> ○今日遊んだことを振り返り、明日への遊びに期待をもたせながら、みんなで協力して片づけができるようにする。

戸外遊びをする →部分指導計画 p.106

> ○竹馬に興味をもち、友達と一緒に楽しむ子どもも増えてきたので、繰り返し挑戦できる時間や場を確保し、その子の状況に合わせて手を貸したり、励ましたりしていく。
> ○一人一人のがんばりや上達したことを認め、挑戦する意欲をもって取り組めるよう支えていく。
> ○大中小、補助輪あり・なしの自転車を用意し、乗りたい自転車を自分で選び、力を発揮しながら楽しめるようにする(自転車コースを作り、ほかの遊びと交錯しないよう配慮していく)。
> ○加速したまま乗り換えの場に入ってくるなど危険な場面も見受けられるので、乗り換え前に減速するスペースを作るなど安全に交換できるようにする。
> ○友達の姿に刺激を受ける一方、同じようにうまくできない気持ちから取り組みに消極的な子もいるので、本人のペースで楽しめるようにしていく。

給食を食べる →部分指導計画 p.107

> ○みんなで食事をする楽しさのなかで、苦手なものも少しずつ食べられるよう励ましていく。
> ○友達との話に夢中になり、食べることに集中できない子もいるので、その都度声をかけながら、食事中の態度やマナーにも気づかせていく。

担任とのひととき・降園する

> ○童話『エルマーのぼうけん』を読み、落ち着いた雰囲気のなかで降園できるようにする。クラスの共通の話題として楽しめるようにしていく。
> ○明日は消防署見学に行くことを知らせ、期待がもてるようにする。

評価の観点

○自分のやりたい遊びに取り組むなかで、保育者や友達と一緒に触れ合って遊ぶ楽しさを味わうことができたか。
○保育者も一緒に遊びながら、子どもたち一人一人に寄り添いかかわることができたか。

・子どもの姿　　保育者の援助

部分指導計画　戸外遊び

6月6日（木）11：20～12：30　5歳児　そら組　27名（男児16名・女児11名）

ねらい	○挑戦したり試したりしながら、自分の力を発揮する。	内容	□戸外でのびのびと体を動かして遊ぶ。 □竹馬や自転車など少し難しいと思うことに挑戦する。

時間	環境の構成	予想される子どもの活動	保育者の援助
11：20	・登園前に園庭の安全点検を行い、危険なものがないか、また固定遊具や竹馬などに不具合がないかを確認しておく。 ［図：竹馬　鉄棒　うんてい／自転車コース／登り棒／乗り換え場］ ・自転車コースを子どもと一緒にライン引きで描いて作る。 ・ほかの遊びと交錯したり、横切ったりして危険がないように、横断歩道なども相談して決めていく。 準備するもの 　竹馬、自転車 　ライン引き	○片づけをし、戸外遊びの身支度をする。 ・カラー帽子をかぶる。 ○戸外遊びをする。 ・竹馬に挑戦する。 ・自転車に乗る。 　大、中、小の自転車 　補助輪あり、なし ・鉄棒や登り棒、うんていに挑戦する。	・翌日の遊びに期待がもてるように、遊びに必要なものをかごにまとめておいたり、残しておきたいコーナーは保育室の脇に寄せるなど、工夫しながら片づける。 ・日差しが強くなってきたので、帽子を忘れないようにかぶって戸外に出るよう注意する。 ・竹馬に興味をもち、友達と一緒に挑戦する子どもが増えてきたので、繰り返し練習できる時間や場所を確保する。また、挑戦しようとする気持ちを認め支えながら、その子の状況に合わせて手を貸したり励ましたりしていく。 ・一人一人のがんばりや上達を認め、意欲をもって取り組み続けられるように支えていく。 ・自転車はタイヤの大きさが違う大、中、小があり、その中に補助輪がついているものとついていないのがある。技術や背丈に合った自転車を自分で選び、力を発揮しながら楽しめるようにする。 ・加速したまま乗り換え場に入ってくるなど、危険な場面も見られるので、乗り換え前に減速するスペースを設け、安全に乗り換えができるようにする。 ・友達の姿に刺激を受ける一方で、同じように竹馬に乗ったり、自転車を乗り回したりすることができないという気持ちから取り組みに消極的になっている子どもの姿も見られる。自分のペースで少しずつ挑戦することを楽しめるように配慮していく。 ・鉄棒や登り棒、うんていなどにも興味をもち挑戦している様子が見られる。目印にカラービニールテープを貼るなどして、目標をもてるようにする。
12：20	・竹馬や自転車の倉庫には、種類ごとに数を表示しておく。	○片づける。 ・使った竹馬や自転車を倉庫に片づける。	・竹馬や自転車は種類ごとに数が示してあるので、それを意識しながら片づけられるようにする。 ・子どもと一緒に数が合っているかを確認し、倉庫の扉を閉める。
12：30		・手洗い、うがいをして保育室に入る。	・石けんをつけて、きちんと手洗いができているかを確認する。

評価の観点	・挑戦したり試したりしながら、自分の力を発揮していたか。 ・のびのびと体を動かすことを楽しんでいたか。 ・自分が挑戦したいことに思う存分取り組むことができる環境を構成できたか。 ・一人一人の挑戦しようとする意欲を引き出すような言葉がけや援助ができたか。

部分指導計画 給食

6月6日（木）12：45～13：30　5歳児　そら組　27名（男児16名・女児11名）

ねらい	○友達と一緒に食事をする喜びを味わう。 ○食材や季節の野菜に関心をもち、残さず食べようとする。	内容	□友達と楽しく食事をする喜びを感じる。 □友達や保育者と食材について話題にする。 □好き嫌いせずにいろいろなものを食べることの大切さに気づく。

時間	環境の構成	予想される子どもの活動	保育者の援助
12：45	・自分たちで机やいすを運び、環境を整えられるようにする。 （図：ピアノと机の配置） 準備するもの 　テーブルクロス 　アルコール消毒液 　手指用の消毒液 　台ぶきん ・献立や食材をホワイトボードに書いておく。	○排泄、手洗い、うがいを済ませて食事の準備をする。 ・机やいすを友達と協力しながら運ぶ。 ・着席する。 ・消毒液で手を消毒する。 ○当番の仕事をする。 ・テーブルクロスを敷き、台ぶきんでふく。 ・牛乳を配る。 ・配膳をする。 ○順番にトレイを取り、配膳をする。 ・丁寧に配膳する。 ・自分の席に運ぶ。 ○当番の合図で食事の挨拶をする。 ・姿勢を正して挨拶をする。 ○食事をする。 ・友達や保育者と会話を楽しみながら食べる。 ・食材の名前を言ったり、どんな食べ物か話したりする。 ・食事のマナーを意識しながら食べる。	・机やいすを取り出しやすいようにする。協力して運んでいる姿を認め、みんなで準備することを意識できるようにする。 ・いつまでも準備が整わない子どもには食べ始める時刻を伝えたり、給食の内容を伝えて意欲をもって準備ができるように励ます。 ・当番の仕事を進んで行っていることを認め、丁寧にふくことを伝える。 ・ふき終わった机から、保育者がアルコールで消毒する。 ・衛生面に配慮して食事の環境を整えたり、配膳をしたりする。 ・各自でトレイを取りに来るときには、混乱しないように同じ机のグループごとに取りに来るように声をかける。 ・あわててこぼしたりしないように、丁寧に運ぶことを伝える。 ・全員の配膳ができたことを確認して、当番に挨拶をするよう声をかける。 ・どのような姿勢がいいか考えられるような言葉がけをする。 ・友達や保育者と会話をしながら、楽しい雰囲気のなかで食事ができるようにする。また、食材や季節の野菜に関心がもてるように、「この野菜の名前知ってる？」「これを食べると風邪をひかなくなるんだって」などと食材や食べ物の働きについて話をし、残さず食べようという意識がもてるようにする。 ・大きな声で話したり、口に食べ物を入れたまま話したりする子どもがいたら、食事のマナーについて伝える。
13：20 13：30	・食器ごとに片づけられるように場所を示す。 ・あわてず丁寧に片づけられるように見守り、必要があれば手を貸す。	○当番の合図で「ごちそうさま」の挨拶をする。 ・姿勢をよくして挨拶をする。 ・トレイと食器を片づける。 ・歯みがきをする。	・食事に時間がかかる子どもには、「長い針が4のところまでに食べられるようにがんばろうね」などと、あらかじめ目安を伝えておく。 ・片づける場所をわかるように示し、丁寧に置くように話す。
評価の観点	・友達と一緒に食事をする楽しさを感じていたか。 ・食材や季節の野菜に関心をもち、好き嫌いをしないで食事をすることができたか。 ・衛生的で食事の楽しさが味わえるような環境を構成できたか。 ・好き嫌いをしないことの大切さや、マナーを守って食べることの大切さに気づくような言葉がけや援助ができたか。		

練習してみよう

自分で考えた後に、何人かで
話し合いをしてみましょう。

★ 何を楽しんでいるのかな？

★ 5歳児のどんな育ちが表れているだろう

★ 5領域のどんな内容と
　つながっているのだろう

- 健康
- 人間関係
- 環境
- 言葉
- 表現

★ 何をしているのかな？

★ どんな育ちなのだろう

★ どんな環境の構成が必要か考えてみよう

Column

「好きな遊び」と「みんな一緒の活動」

　園によって呼び方は違うと思いますが、子ども一人一人がそれぞれに興味・関心をもった遊びにかかわって遊ぶことを「好きな遊び」や「自由遊び」（以下「好きな遊び」）といい、同じ時間にみんなで一緒に活動をすることを「みんな一緒の活動」や「一斉活動」（以下「みんな一緒の活動」）といいます。その時間配分や場所、内容は、子どもの育ちや時期、ねらいなどに応じて変わることが考えられます。

　保育者の援助についてはどうでしょうか。

　「好きな遊び」は子どもが思いのままに遊ぶのだから、保育者は危険がないように見ていればいいし、「みんな一緒の活動」は子どもの意志とは関係なく保育者の意図で一斉に活動するのだから、保育者が指示するものだと考えていいのでしょうか。

　実際に実習後に提出された実習日誌を見てみると、「好きな遊び」では「危険のないように見守っていた」とか「けがをしないように配慮していた」などという安全面からの記述が多く見られますし、「みんな一緒の活動」では、「1列に並ばせた」「数えさせた」など保育者が一方的に指図しているような記述が目立ちます。

　しかし、それでは保育者の意図を読み取ってるとはいえません。「好きな遊び」では、たしかに子どもが興味・関心をもった遊びに主体的にかかわり遊びを展開しますが、子どもに任せた状態、いわば放任の状態で安全面だけ配慮しているというのでは、その時期に必要な経験を積み重ねることはできません。「好きな遊び」のなかでこそ、保育者がそれぞれの子どもの内面を読み取り、「本当にやりたいことができるよう」また「やりたいことが膨らんでいくように」必要なときに必要な援助をすることが必要です。

　一方、「みんな一緒の活動」は、子どもの育ちや興味・関心、季節などを考慮して、だれもが経験してほしいことを意図的に投げ込んでいく活動です。しかし、そこには子どもにとっての必要感や必然性、活動への動機がなければなりません。子どもの興味・関心や生活、遊びとまったく関係なくかけ離れているのでは、必要感や動機は生まれません。「やってみたい」と主体的に参加することが大切です。つまり、「好きな遊び」と「みんな一緒の活動」は、まったく違う援助のように考えがちですが、どちらも子どもが主体的、能動的にと考えて援助するのです。

　実習日誌を書くときには、「好きな遊び」も「みんな一緒の活動」も表面の形態だけで判断するのではなく、子どもが主体的、能動的に活動できるために保育者がどんな配慮をしているのかという視点で捉えていくことが必要です。だから、「並ばせた」「数えさせた」などの「～させた」という書き方は適切ではないことが多いといえます。「子どもたちが自分で並ぶように配慮していた」「子どもたちが描けるように声をかけたり環境を整えたりしていた」などと、子どもが主体的に活動できるように保育者が援助していることを捉えて記述する必要があります。

異年齢児
異年齢児保育の一年

園には年齢の異なる子どもたちがいます。ふだんの生活や遊びのなかで自然にかかわり合ったり、延長保育や預かり保育で生活を共にしたりしています。園によっては、異年齢のクラス編成をしているところもあります。異年齢の友達と交流することは、同年齢の友達とのかかわりだけでは得られない豊かな人間関係を築く基盤につながります。

生活

新入園の子どもたちに、保育者が丁寧にかかわっている様子を見ていて、4・5歳児はそれをまねしながら新入園児にかかわっていきます。人の役に立つことが誇らしい5歳児と、お兄さんお姉さんに手を貸してもらうのがうれしい3歳児です。

遊び

5歳児が3・4歳児をお店屋さんごっこやショーごっこなどに誘ったり、園庭などで一緒に遊んだりするなかで交流が生まれます。5歳児は自分が大きくなったことを感じる機会となり、3・4歳児は遊びや他児とののかかわりを学ぶ機会となります。

春

とまどいと不安でいっぱいの新入園児に優しくかかわるなど、園のあちこちで自然に異年齢の子ども同士のかかわりが生まれます。延長・預かり保育では、くつろいだ雰囲気のなか、ままごとや絵本、製作などで異年齢の友達との遊びを楽しみ、安定して過ごすようになります。5歳児の案内で園庭を散策し、いろいろな虫や草花を見つけ、一緒に観察したり名前を教え合ったりもします。

夏

5歳児が育てたジャガイモのおやつをみんなで食べたり、5歳児が作った梅ジュースをみんなで飲んだりして、5歳児は満足感を、3・4歳児は5歳児への憧れをもつようになります。延長・預かり保育でも夏野菜を育てて、水やりをしながら生長を楽しみにします。水遊びなどをした後は、ゆっくり体を休めたり、水分補給をしたりしながら落ち着いて過ごす様子が見られます。

異年齢児

実習生の心構え

配属になったクラスの子どもたちが、ほかのクラスの子どもたちとどんな場面でどのようにかかわっているかを観察し、クラスの枠を越えた保育について考えてみましょう。また、園によって早朝保育や延長保育、預かり保育の形態が違うので、実習後に情報交換をし、様々な園の現状を把握しましょう。

秋

3・4歳児は、5歳児の遊びに誘われて出かけて行き、それがきっかけとなって、自分のクラスでも同じような遊びを始める姿が見られます。運動会ではほかのクラスの種目に興味をもち、まねて遊ぶようになります。延長・預かり保育でも、それぞれのクラスの種目を教え合って繰り返しやってみる姿が見られます。

冬

5歳児がやっている鬼遊びや長縄跳び、こま回しやカルタに興味をもち、まねして楽しむ姿が見られます。延長・預かり保育でも5歳児がひもごまを回して見せたり、カルタの読み札を読んだりする姿に憧れ、まねしようとがんばって練習したり教えてもらったりして、かかわりながら遊びます。

異年齢児がかかわる場面

早朝の保育

どんな状況なのだろう

様々な年齢の子どもが同じ保育室にいるので…
- 早朝や遅い時間の保育では、合同で保育をすることがある
- 保育者はかならず二人以上はいる（そのときの子どもの年齢や人数にもよる）
- 担任の保育者と連携をとっている

異年齢の子どもの交流の場となっている…
- 5歳児が小さいクラスの子の面倒を見ている
- 5歳児は憧れのモデルとなっている
- 遊びなどを教え合う場となっている

Point　一日の生活
早朝保育や延長保育の様子を把握することは、子どもの一日の生活を理解するためには必要なことです。可能であれば、ぜひ参加させていただきましょう。

実習日誌

時間	子どもの活動	保育者の援助	実習生の動き・気づき
7:30			・テラスを清掃し、保育者と共に保育室の環境を整える。
7:40	・順次登園する。挨拶をして、それぞれ好きな遊びをする。	・子どもを迎え入れる環境を整えながら、子どもを受け入れる。保護者と挨拶を交わし、連絡事項を聞く。連絡事項を小さなホワイトボードに書き込む。	・保護者からの連絡事項を確実に担任に伝えるため、ホワイトボードに書き込んでいた。連携のためには大切なことだと思った。
8:00	・先週入園したばかりのサエが泣きながら登園してくる。 ・アユミが「サエちゃん、おはよう。おいで」と声をかけると、サエは泣きながらもアユミのひざに座る。 ・サエが落ち着くと、「これで遊ぶ？」とアユミが人形をもってくる。 ・アユミの遊びを見ながらサエもまねする。サエができないと、アユミが「かして」と言ってやってあげる。	・保護者からサエを預かると、「ほら、大好きなお姉ちゃんが待ってたよ」とアユミのところに連れていく。 ・サエに「アユミおねえちゃんがいてよかったね」と声をかける。また、アユミには「アユミちゃんすごいね。お友達になったんだね」と言う。 ・人形のベッドと人形の洋服、おぶいひもなどを出し、アユミたちの近くに置く。	・泣いていたサエだが、アユミのひざに乗ると、アユミの声かけに応答しながら泣きやんでいった。アユミは保育者から認められたことで、とても誇らしそうだった。 ・1・2歳児もいたので、安全に注意し、環境を整えながら遊びを見守る。 ・アユミが人形の洋服を着せ替えたり、寝かせたりするのを見ながら、サエもやろうとしていた。なかなかできないでいると、アユミがやってあげていた。このようにしながら、子どもは遊び方を学んでいくのだと思った。また、このようなかかわりが遊びを広げていくうえで必要だと感じた。
8:20	・アユミはサエに「またね」と言って自分の組へ移動する。	・3・4・5歳児は片づけて自分の組に移動するよう声をかける。	

異年齢児

お店屋さんとお客さん
好きな遊びにおける異年齢児のかかわり

5歳児クラスに3歳児が遊びに来ていることから考えてみよう

5歳児クラスの子どもは…
- 自分たちで作ったものを並べて、お店屋さんにしたのかな
- お店ができたことを知らせて、ほかのクラスの子どもを誘って来たのかな
- 優しく説明しているな。自分が作った物を見てほしいのかな。達成感を味わっているのだろう

3歳児クラスの子どもは…
- 5歳児に誘われて来たのかな
- 同じクラスの友達が買い物してきたのを見て、行きたいと自分で来たのかな
- どれがいいか選びながら、「年長さんってこんなの作れてすごい」と感じているだろう

Point 道具の違い
育ちによって製作に使う道具の種類や素材が違います。ほかの年齢の製作コーナーの様子も観察して違いを見つけ、その理由を考えてみることで育ちの様子がわかります。

実習日誌

時間	子どもの活動	保育者の援助	実習生の動き・気づき
9:40	・昨日からの続きの、ドングリのアクセサリー屋さんの準備をする。	・ドングリにリングをつけるためのグルーガンや、穴あけ器などの使い方を確認し、気をつけて使うように話す。	・子どもたちはアクセサリー屋さんをしようとはりきって準備をしていた。グルーガンやドングリの穴あけ器など使い方が難しい道具も、保育者が使い方を丁寧に伝えることで、子どもだけでも使うことができるのだと思った。
	・担任の保育者に「お客さんが来てくれましたよ」と言われ、3歳児を入口まで迎えに行く。手をつないでお店のところまで案内し、「ユイちゃん、どれがいい？」と品物の説明をする。	・3歳児担任の保育者が保育室入口まで送ってきて、「あそこだよ」と言うと、5歳児の保育者が「アクセサリー屋さんに来てくれたの？」と声をかけ、3歳児の先生と合図をして導く。	・保育者がほかのクラスの情報がわかっていることで、様々なクラスの子どもの要求に応えられるのだと思った。 ・一緒にお店のところで様子を見守っていたが、5歳児が誇らしげに自分たちで作ったアクセサリーの説明をしているのが印象的だった。3歳児たちは、このような異年齢の交流から様々な遊びを吸収しているのだと思った。
9:50			

5歳児の梅ジュース

何をしているのかな？

- 5歳児がみんなで3歳児クラスの部屋を訪れた
- 中央の棚にのせてるのは梅シロップ
- 梅ジュースを作って、ほかのクラスにごちそうするらしい
- 5歳児たちが作ったものをごちそうしてくれるというので、3歳児たちは楽しみでわくわくしている

様々な場面での異年齢児の交流を考えてみよう

- 日常的に
  遊び（保育室、園庭）での交流。招いたり招かれたり
- 行事を通して
  運動会、生活発表会などで互いに見合う機会
- 早朝保育や預かり保育などで
  家庭的な雰囲気のなかで生活や遊びを共に
- 異年齢編成での保育（園による）

何を話しているのかな？

- 梅をどこでどのように収穫したか
- 梅シロップの作り方。材料、経過

Point
クラスの枠を越えて
園には年齢の異なる子どもたちが生活しています。年齢の区切りにとらわれず、クラスの枠を越えた保育として考えていくことで、様々な学びの場面を捉えることができます。担当のクラスだけではなく、視野を広げて子どもたちのかかわりの様子を見てみましょう。

エピソード記録

　昨日、5歳児クラスでヒナタが「梅シロップが飲めそうだ」と言い出したことから、味見をすることになった。そして、帰りの会の話し合いのとき、昨年の5歳児たちから梅ジュースをごちそうしてもらったことを思い出し、今年も小さいクラスの子たちにごちそうしようということになった。

　本日は、登園したときから「今日は梅ジュースをごちそうするんだよね」とはりきっていた5歳児たち。好きな遊びのときから「はやく作りたいね」とそわそわしている子どもたちの姿に、担任の保育者が「じゃ、みんなで作りましょうか。きれいに手を洗ってきて」と声をかける。

　保育者が、みんなで梅を収穫したときのことや、みんなで洗ったりふいたりして丁寧に梅をビンの中に入れたときのこと、氷砂糖を入れながらおまじないをしたことなどを子どもたちに問いかけながら話すと、子どもたちはとても集中して話を聞き、自分たちが行ってきたことを思い出していた。それから梅シロップに交代で水を注ぎ、梅ジュースを完成させた。そして3・4歳児のクラスには、説明するための梅シロップも持って行き、子どもたちに見せながら、当番が中心に梅シロップ作りのことを伝えていた。

　このような活動が、3・4歳児クラスの子どもたちにとっては「年長さんはすごい」という憧れを形成していくし、5歳児たちにとっては「自分たちで作ったものをごちそうして喜んでもらえた」と達成感を味わう機会となっているのだと思った。また、担任同士で日ごろから情報交換をしながら連携し、交流の機会をもっているのだと感じた。

| 0歳児 | 1歳児 | 2歳児 | 3歳児 | 4歳児 | 5歳児 | **異年齢児** |

異年齢の保育室へ移動

何をしているのかな？

- 自分の荷物を持って移動しているようだ。どこに行くのかな
  各年齢の保育室から異年齢の保育室へ誘い合って移動している
- 保育時間が違う子どもたちがいるようだ
  2015（平成27）年4月に「子ども子育て支援新制度」が始まり、保育所や幼稚園（施設型給付）、認定こども園に通うときには、住居している市町村から認定を受けることになった

園には3種類の認定を受けた子どもがいます
（園によって異なります）

1号認定
満3歳以上　教育標準時間認定
定期的な保育の必要がなく、教育のみを希望する子ども
利用できる施設：幼稚園、認定こども園

2号認定
満3歳以上
保育標準時間認定または保育短時間認定
保育が必要な子ども
利用できる施設：保育所、認定こども園

3号認定
満3歳未満
保育標準時間認定または保育短時間認定
保育が必要な子ども
利用できる施設・サービス：保育所、認定こども園、小規模保育、家庭的保育、事業所内保育

> **Point**
> **保育時間が違う子ども**
> 同じ園、同じクラスでも保育時間が異なる子どもが在籍していることを理解しておく必要があります。挨拶の仕方や声のかけ方に配慮が必要な場合があるからです。名簿などで確認しておくようにしましょう。

 エピソード記録

　各組での帰りの会が終わると、2号認定の子どもと1号認定の預かり保育の子どもは、にじ組（14時以降の保育の部屋）へ移動する。「○くん、行こう」と同じクラスはもちろん、ほかの年齢の友達にも声をかけたり、「また、あれやろうね」などと遊びの続きを期待して誘い合ったりしながら移動している様子が見られた。
　14時以降の保育室は園舎の隣にあるが、子どもたちはみんな「ただいまー」と入っていき、それに対してにじ組の保育者が「お帰りー」と出迎えていた。家庭的な雰囲気で一人一人に声をかけて出迎えていた。3歳児のトオルが空き箱で作った車を保育者に見せ、「これ作ったんだよ。すごいでしょ」と言うと、保育者は「すごいの作ったんだね。あれ、ちゃんと窓もあるんだね」とじっくり見ながら応えた。すると、トオルは「そうだよ、これ先生が切ってくれたの。このタイヤは自分でつけたんだよ」とますますうれしそうに話し始めた。保育者が「じゃ、壊さないように駐車場に停めておこうね」と言うと、トオルは「うん」とブロックで駐車場を作り始めた。それを見た保育者が「トオルくんのくるまのちゅうしゃじょう」と紙に書き、「これ貼っておく？」と聞くと、「うん、そうするとわかるもんね」とトオルは自分で作った駐車場に貼りつけた。トオルはとても満足そうな顔をしていた。
　このように各年齢の保育での出来事を温かく受け止めることで、子どもはつながりを感じながら安心した気持ちになり、降園までの時間を過ごしているのだと思った。環境も、複数でできるカードゲームなど家庭でもよく遊ぶものが置いてあったり、園庭がこぢんまりとしていたりと、14時までの保育とはまた違った雰囲気を味わっているのだと思った。

虫取り

何をしているのかな？

- 虫を探しているようだ。3歳児、4歳児、5歳児の子どもたちがいる
- 自然物とのふれあいのなかで、異年齢の子ども同士のかかわりが広がっている

   年下の子はいろいろなことを知っている5歳児に憧れ、5歳児は年少の子どもの前でできることをやってみせて満足感を感じている

準備や配慮しているところは？

- いつでも虫取りができるように、補虫網や虫かごなどを用意しておく

   補虫網、虫かご、観察ケース、虫メガネ、昆虫図鑑など
- 5歳児の遊び方や情報が3・4歳児に伝わるようにする

   虫がいる場所、虫の名前、虫の捕り方

実習日誌

時間	子どもの活動	保育者の援助	実習生の動き・気づき
14:30	・「虫取りに行く人」と5歳児のタカシが大きな声で言うと、4歳児のシンゴや3歳児のタモツが「行く、行く」と言って靴をはき始める。タカシが補虫網を持つ。 ・「こっちにたくさんいるんだよ」と園舎の裏の草むらに行く。 ・「静かにしてね」とタカシが言うと、ほかの子どもたちも真剣な様子になる。	・「行ってらっしゃい」「おやつの時間には帰ってきてね」とタカシに話し、時計の場所や時間を確認する。 ・あらかじめ補虫網などが外の棚に準備してある。	・虫取りに一緒について行くことにする。 ・タカシには行きたい場所があったようで、「こっち、こっち」とシンゴやタモツの先頭になって走っていく。「きのうもここにたくさん虫がいたんだ」と話しているのを聞き、このようにして園の情報がほかの年齢に伝達されていくのだと思った。 ・5歳児の言葉に、3、4歳児がとても真剣な様子になったのに驚いた。年上の子どもに言われるのは、同年齢の友達や保育者に言われるのとはまた違う影響があるように感じた。
14:50	・みんなが見守るなか、何度か補虫網を振り、「ほら、捕れたよ」とタカシ。虫を手に「ショウリョウバッタのオスだ」と言って見せる。シンゴとタモツはじっと虫を見ている。		・虫の名前をすぐに言ったり、オスかメスかを瞬時に判断したりする姿に、シンゴもタモツも驚いた様子だった。このような場面から5歳児への憧れの気持ちが生まれるのだと思った。また、タカシも自分のいいところを見せられて満足そうだった。

| 0歳児 | 1歳児 | 2歳児 | 3歳児 | 4歳児 | 5歳児 | **異年齢児** |

砂遊び

何をしているのかな？

みんなでいろいろな穴を掘っているようだ…
- 異年齢児のかかわりが自然に生まれている
- 5歳児が始めた穴掘りに影響されている
- 様々なやり方で穴を掘っている
- 集中している

3・4歳児にとっては…
- 同年齢と遊ぶときよりもたくさんの刺激があり、ダイナミックな動きを誘発している
- 穴の掘り方、遊び方などを見てまねている

　遊びの幅が広がる

> **Point**
> **異年齢児保育のねらい及び内容**
> 異年齢の保育では、どの育ちに合わせて、ねらいと内容を設定すればよいのか迷います。まずは各年齢の育ちの様子をとらえ、それらが互いにどんな影響を与え合うのかを考えていきましょう。

実習日誌

時間	子どもの活動	保育者の援助	実習生の動き・気づき
15:50	・5歳児が「大きな穴を掘ろう」と言って穴を掘り始める。 ・それを見た3・4歳児も何となく穴を掘り始める。 ・5歳児が夢中で穴を掘っている様子が刺激となり、3・4歳児も黙々と穴を掘る。 ・「入れるかな？」と入ってみては「もう少しだ」などと言いながら掘り進める。 ・それを見た3・4歳児も自分が掘った穴に入ってみたり、5歳児が掘った穴に入らせてもらったりする。	・砂場の道具を出し、砂場の横に並べる。 ・子どもたちが集中しているので見守りながら、3歳児に「大きな穴が掘れるかな」「がんばれ」などと声をかける。 ・「わーすごい穴ができたね」「先生も入れるかな」「先生も入れるくらい大きいのにしてほしいな」などと声をかける。	・5歳児で穴掘りがはやっているようで、みんなで穴掘りが始まった。5歳児の様子を見ながら3歳児と一緒に穴を掘ることにした。3歳児はシャベルの使い方がわからないようだったので、「こうするんだよ」と手本を見せて掘り方を伝えた。 ・5歳児の影響か、みんな集中して穴を掘っていたのに驚いた。5歳児のペースが3・4歳児にも伝わっているようだった。 ・5歳児が掘った穴を見て、みんなが入りたくなった様子だった。とても大きな穴で、5歳児が大変楽しそうだったのが魅力的に映ったのだと思った。この遊びが3・4歳児にも伝わっていくのではないかと思った。
16:40	・十分に遊んだあと、片づけをする。みんなで道具をかごに入れる。	・汚れた後の始末ができるように、水の入ったたらいや足ふきタオルを用意しておく。3歳児には手を貸しながら清潔に注意する。	

全日指導計画　6月6日（木）　3・4・5歳児　にじ組　2号認定21名（3歳児5名・

| 子どもの姿 | 【3歳児】
・友達を誘って砂や泥遊びを楽しんでいる。4・5歳児の様子をまねしながら、どろどろにしてチョコレートに見立てたり、山を作りトンネルを掘ったりしている。
・5歳児が自分で作ったドレスを着てお姫様ミュージカルの歌を歌っている様子を、お客さんになって見て楽しんでいる。
【4歳児】
・5歳児が虫取りをしている姿を見て、一緒に探したり捕まえた虫を観察したりしている。
・5歳児がごっこ遊びをしている姿を見て、同じようにやってみようとして衣装や持ち物の作り方を教えてもらっている。
【5歳児】
・3歳児の着替えやおやつの用意などを手伝う姿が見られる。
・砂や泥遊び、虫探しなど3・4歳児をリードしながら一緒に遊ぼうとしている。
・自分たちでごっこ遊びの場を用意したり、遊びに使う物を作ったりしている。3・4歳児に作り方を教えたり、作ってやったりする姿も見られる。 | ねらい及び内容 | ○異年齢で一緒に遊ぶ楽しさを味わう。
・友達と一緒に好きな遊びを見つけ、のびのびと体を動かして遊ぶ。
・砂や泥に関心をもち、十分に触れて遊ぶ。
○いろいろな友達に自分の思いを伝えたり、相手の思いを聞いたりしようとする。 |

1日の生活の流れ　／　予想される子どもの活動

時刻	活動	移動	好きな遊び
14:00	移動 好きな遊び ❷	・一人一人と挨拶をしながら、健康状態を観察する。とくに昨日まで欠席していた子どもは注意して見るようにする。 ・それぞれのクラスでのできごとなど話したいことを聞き、安定した気持ちで遊べるようにする。 今月から入園した満3歳児がいるので、体調を確認し、睡眠がとれるようにする。 〈にじ組の保育室〉 　ままごと　／　ブロック　／　お姫様ミュージカルごっこ 　製作　／　絵本 準備するもの ・補虫網、飼育ケース ・CD、CDプレーヤー ・紙、広告チラシ、空き箱、カラーポリ袋、ペン類など	**ままごと** ・今月から初めてにじ組の保育を経験する子どもの居場所となっている。道具などを十分に用意しておき、安定して遊べるように見守っていく。 **製作・絵本** ・遊びで必要なものを作ったり、居場所を見つけている子どもが安定していられるように、遊びのきっかけになるような材料（紙、広告紙、空き箱、カラーポリ袋、ペン類など）を用意しておく。 ・幅広い年齢に対応する絵本や紙芝居を用意しておき、自分で見るだけでなく、読み合ったり見せ合ったりできるようにする。 **お姫様ミュージカルごっこ** ・5歳児が繰り返し遊んでいる様子を見て、3・4歳児がまねをして遊んでいる。5歳児が自分で作ったドレスを見て、3・4歳児も作りたいという気持ちが出てきているので、5歳児が作り方を教えることができるように、材料を準備しておく。また、保育室の前のテラスの段差を舞台に見立てて遊んでいるので、いすなどを運ぶときに危険のないよう声をかける。
15:10	片づけ 手洗い おやつ		
15:40	好きな遊び		
16:40	片づけ		
17:00	集まり		
18:30	降園（最終）		

4歳児8名・5歳児8名）、1号認定（預かり保育10名程度）

	環境への配慮
・友達と一緒にままごとやごっこ遊びをする。 ・異年齢の友達同士で言葉のやり取りを楽しむ。 ○身近な植物や虫などに関心をもつ。 ・野菜の生長に関心をもつ。 ・園庭や園の周辺で虫探しをして楽しむ。	・にじ組の保育時間は、できるだけ家庭的な雰囲気で過ごせるように環境を整える。 ・異年齢児が一緒に過ごすので、身の回りのものの始末などがわかりやすくできるように環境を整えておく。また年上の子どもが年下の子どもの手本となったり、手助けができるような雰囲気をつくっていく。 ・昨日の遊びの続きができるような環境を整えておく。また、どの子どもにも自分の居場所が見つかるように配慮していく。 ・担当が途中で変わっても連絡事項をきちんと引き継げるように、連絡用のホワイトボードを用意しておく。 ・満3歳児や3歳児の体調を注意し、疲れが出ているようだったら、睡眠がとれるように静かな場を確保する。

及び保育者の援助

砂遊び

- 5歳児が始めた大きな穴掘りで、掘り方や道具の使い方を3・4歳児に教えたり、掘った穴に入らせたりする姿を認め、異年齢のかかわりが深まっていくようにする。
- 汚れた後は砂をきれいに洗い流すことができるように、たらいをいくつか用意しておき、できるだけ自分で洗えるようにする。不十分なところは保育者が手を貸し、清潔にできるようにする。

虫取り

- 好きなときに虫取りができるように、補虫網や飼育ケースをわかるところに準備しておく。
- 園庭の裏や離れたところに行くときには、かならず保育者と一緒に行くことを約束する。
- 5歳児の知識や技が3・4歳児に伝わっていくように見守る。

クラス担任との連携

- 初めてにじ組の保育を経験する子どももいるので、クラスでの様子や好きな遊び、家庭での様子、配慮することなどを聞いておき、連携して保育が進められるようにする。

おやつ →部分指導計画 p.120

- テーブルふきや片づけなど、できるところは5歳児を中心に任せていくようにする。
- リンゴのおやつなので、リンゴのクイズをしたり、保育者が子どもたちの前で皮をむいたり切っているところを見せたりする（子どもたちが食べるものは給食室から運ぶ）。
- ゆったりとしたなごやかな雰囲気のなかでおやつを食べられるようにする。

集まり →部分指導計画 p.121

- それぞれの遊びを片づけ、降園の準備を整えて集まるようにうながす。
- ゆったりとした雰囲気のなかで絵本を見たり、話をしたりして迎えを待てるようにする。

家庭との連携

- 砂遊びを楽しんでいる子どもが多いので、のびのびと遊べるように予備の着替えを用意してもらうように伝える。
- 感染症での欠席が多いようなときには、降園のときに体調に注意するように家庭に伝える。
- クラスからの連絡事項は、確実に伝わるように紙に書き、見えるところに貼っておくようにする。

---

❶ 3歳の誕生日を迎えたら、満3歳児として入園できる（1号認定）園もあります。園生活に慣れるまでは特別な配慮が必要なこともありますので、満3歳児入園があるかどうか確認しておくといいでしょう。

❷ 睡眠の時間の設定については様々な考え方があり、園によってそれぞれ異なります。パジャマに着替えるか着替えないかなども考え方によって違います。実習園がどのような考えで睡眠の時間を設定しているのか考えてみましょう。

部分指導計画 片づけ〜おやつ

9月10日（金）15：10〜15：40　3・4・5歳児　にじ組
2号認定21名（3歳児5名・4歳児8名・5歳児8名）、1号認定（預かり保育10名程度）

ねらい	○異年齢の友達で言葉を交わしながら、自分から片づけやおやつの用意をしようとする。 ○リンゴに関心をもち、味わって食べる。	内容	□4・5歳児が中心になり、片づけやおやつの用意の仕方を伝えたり、やって見せたりする。 □リンゴのクイズに参加する。

時間	環境の構成	予想される子どもの活動	保育者の援助
15：10 15：20 15：30 15：40	・机やいすが出しやすいように、場所を広げる。 ・残しておきたい遊びは、脇に寄せるようにする。 （座席配置図） 準備するもの 　机、いす、テーブルクロス、 　ふきん、ふきん入れ 　リンゴの断面を描いた絵 　リンゴ、包丁、まな板 　皿、フォーク 　リンゴの絵本、図鑑	○片づけをする。 ・自分が遊んだ場所を片づける。 ・手洗い、うがいをする。 ・排泄をする。 ○おやつの用意をする。 ・机やいすを出す。 ・テーブルクロスを敷く。 ・テーブルをふく。 ○リンゴのクイズに参加する。 ・断面 ・種の数　など ○おやつを食べる。 ・「いただきます」の挨拶をする。 ・リンゴの話をしながら食べる。 ○片づける。 ・「ごちそうさま」の挨拶をする。 ・使った皿とフォークを片づける。 ・給食室に食器を片づける。 ○好きな遊びをする。	・遊びに夢中で片づけに気持ちが向かない子どもがいたときには、5歳児に「どうすればいいかな？」などと聞き、おやつを食べたらまた遊ぶ時間があることや、遊びに使っていたものをかごに入れてとっておくこともできることを伝えられるようにする。 ・今日はリンゴのおやつであることを伝え、楽しみにして用意ができるようにする。 ・おやつの準備をできるだけ子どもたちでできるように見守る。3・4歳児も5歳児と一緒に机やいすを運んだりできるように声をかける。 ・全員がいることを確認し、話を始める。「このリンゴを切ったら、どんな形になるでしょうか？」とクイズを出し、横の断面図と縦の断面図を描いた絵を準備しておき、「どちらでしょうか？」と子どもに選ばせる。理由などを聞いたりしたあと、実際に切って見せる。 ・リンゴには芯や種があることなどを話したり、種の数当てクイズをしたり、どのように実っているのか話したりして、興味がわくようにする。 ・3人の保育者が子どもたちのなかに入り、目の前でリンゴを切って観察できるようにする。その後、子どもたちへは給食室で準備したものを配る。 ・リンゴの話をしながら、楽しくおやつが食べられるようにする。 ・食べる時間に差があるので、食べ終わった順に「ごちそうさま」をして片づけるように話す。どのように片づけるのか子どもに確認し、わからない友達には教えることなどを伝える。 ・リンゴの絵本と図鑑を絵本のコーナーに置いておくことを伝える。 ・まだ食べている友達がいるときには、静かに遊ぶように話す。

評価の観点	・自分たちで遊びを片づけたり、おやつの準備をしようとしていたか。 ・異年齢で言葉をかけ合ったり、教えたり教えられたりができていたか。 ・片づけやおやつの準備がスムーズにできる環境を構成できたか。また衛生面への配慮はできたか。 ・異年齢でのかかわりが広がるような配慮ができたか。

部分指導計画 集まり

9月10日（金）17：00～17：30　3・4・5歳児　にじ組
2号認定21名（3歳児5名・4歳児8名・5歳児8名）、1号認定（預かり保育10名程度）

	ねらい		内容
	○絵やストーリーを通して、想像することを楽しむ。 ○興味をもって保育者や友達の話を聞こうとする。		□リンゴの絵本を楽しんで見る。 □自分で考えたことや気づいたことをみんなの前で話したり、友達の話を聞いたりする。

時間	環境の構成	予想される子どもの活動	保育者の援助
17：00	・集まる場所がわかるように、じゅうたんを敷いておく。 準備するもの 　じゅうたん 　リンゴの絵本 　『りんごです』 　『りんご りんご りんご りんご りんご りんご』 　『りんご』 　『あかいりんご』 　『りんごちゃん』 　『りんごがたべたいねずみくん』 　『アンパンマンとりんごちゃん』	○片づけをして保育者の前に集まる。 ・遊んでいたものを片づけて座る。 ○手遊び「キャベツのなかから」をする。 ○保育者の話を聞く。 ○どの絵本を読んでほしいか考えて伝える。 ○絵本を見る。 ○それぞれに感想や気づいたことを話す。 家庭によって降園時刻は様々です。通常の降園時刻を把握しておき、降園の準備など個々に声をかける必要があります。5歳児になれば時計の見方を伝え、自分の降園時刻を意識できるようにすることもあります。	・遊んでいたものを片づけて、じゅうたんの上に集まるように声をかける。 ・すでに降園した子どもが何人で、今は何人いるのかを確認しておき、全員いるかどうか確認する。 ・手遊び「キャベツのなかから」をしながら、顔色や表情などを見て、体調を確認する。 ・「今日のおやつは何でしたか？」と聞き、思い出したところで「今日はリンゴの絵本をたくさん図書館から借りて来ました」と言って、7冊の絵本を見せる。 ・「どの絵本から読みましょうか？」と尋ね、「今日リンゴをとてもおいしそうに食べていた○○ちゃんはどれがいいですか？」などと言って3・4・5歳一人ずつに聞き、順番に読んでいく。 ・全員から絵本が見えるか確認する。 ・子どもが聞きやすい声ではっきりと読むように心がける。 ・わからない言葉や難しい表現があったときには、わかりやすく伝えるようにする。 ・感想や思いを伝えてくる子どもには、「そうだね」「○ちゃんが～なんだって。よく気がついたね」などと言って丁寧に答える。 ・絵本を読んでいる途中で迎えが来たときには、「○ちゃん、お迎えが来ましたよ。この絵本置いておくから、明日読みましょうね」などと話し、安心して降園できるようにする。 ・読みきれなかった絵本は、明日読むことを約束する。また、絵本を絵本棚に入れておくので、自由に見てよいことを伝える。
17：30			

評価の観点	・絵本の絵やストーリーに興味をもって見ていたか。 ・絵本の感想やリンゴについて気づいたことを話すことができたか。 ・子どもが絵本に興味をもち、集中できるような工夫や導入ができたか。 ・自分の考えを言ったり、友達の話を聞いたりする雰囲気づくりができたか。

練習してみよう

下の場面を記述してみましょう。

何をしているんだろう

保育者はどんなことに配慮してるのだろう

どんな経験をしているのだろう

実習日誌

時間	子どもの活動	保育者の援助	実習生の動き・気づき
15:00	・「先生、今日も野菜をとっておやつにしようよ」と5歳児のヨシキが保育者に言う。 ・「お水もやりたい」と4歳児のアズサがジョウロを取ってくる。 ・ヨシキが「先生、あったよー」と言うと、ほかの子どもも「ほんとだ」「ミニトマトも食べられるよ」と口々に言う。 ・ヨシキがいくつかとったところで、フミ（5歳児）が「順番にとろうよ。小さい子もとりたいんだから」とヨシキに言う。ヨシキは「わかってるよ。アズサちゃんやっていいよ。ここにあるよ」とアズサにとらせる。	・「そうね。食べられそうなのがあるかしらね。行ってみましょう」とザルを用意し、みんなを誘う。 ・「マユちゃんも水やりする？」などと3歳児一人一人に声をかけながら畑に行く。 ・ヨシキとフミのやり取りを、3歳児と水やりをしながら見守っている。 ・「フミちゃんもヨシキくんもよく気がついたね。アズサちゃんも喜んでるよ」と声をかける。	・
15:20	・それぞれ1個ずつ収穫する。		
15:30	・みんなで洗って、おやつの準備をする。	・「きれいに洗おうね」と声をかける。洗ったものを入れる容器を用意する。	

Column

認定こども園の午後の生活
異年齢で学び合って

　幼稚園と保育所に加えて、両方のよさを併せもつ施設として「認定こども園」が普及してきました。一口に認定こども園といっても、幼稚園から移行した園、保育所から移行した園、新たに新設された園と様々です。幼稚園や保育所がそれぞれの地域の特性や保護者のニーズによって特徴があるように、認定こども園も各園の特徴があり、様々な生活や遊びが展開されています。

　ある認定こども園（満3歳児以上）の午後の様子を見てみましょう。
　各クラスとも帰りの会が終わると（午後2時くらい）、1号認定（満3歳児以上。教育標準時間認定）の子どもたちは降園します。2号認定（満3歳児以上。保育認定）の子どもたちは、荷物を持って午後の保育の部屋に移動します。この認定こども園では、午後の保育のクラスを「にじ組」と呼んでいます。「○○ちゃん、にじ組に行くよ〜」と5歳児が3歳児を迎えに行き、手をつないで歩いていく姿も見られます。にじ組に着くと、「おかえりなさい」と担当の先生が笑顔で迎え入れます。
　荷物を所定の場所に置くと、好きな遊びをし始めます。午後2時までの保育は、同じ年齢の集団で過ごすことが多いのですが（年齢別保育）、それ以降の保育は3歳児から5歳児が一緒になって（異年齢保育）、ゆったりとした時間のなかで過ごします。

　先日、このようなことがありました。
　5歳児が午前のクラスで作った七夕飾り（貝がらつなぎ）を思い出しながら作っていました。それをじっと見ていた4歳児に「教えてあげようか？」と5歳児。教えてもらった4歳児は自分で作れるようになったことがうれしくて、家でもたくさん作ったそうです。そして、次の日には自分のクラスでほかの友達に教える姿が見られました。そのクラスでは貝がらつなぎが大流行。にじ組での異年齢の交流が遊びの伝播につながりました。

　また、こんなこともありました。
　「跳び箱やりたい」と5歳児が保育者に言ってきました。遊戯室の隅に置いてある跳び箱を見て、お兄ちゃんが小学校の授業で挑戦している話を思い出したのです。保育者と一緒に広いところに運び、挑戦することになりました。何度も繰り返し挑戦しています。それを憧れのまなざしで見つめつつ応援している3・4歳児。この挑戦は、しばらく続きました。そして何日か後、目標の跳び方で跳べるようになりました。みんなで大拍手。その後、別の5歳児や4歳児が「やってみたい」と挑戦。跳び方のコツを伝授する姿が見られました。

　午後の保育はクラスの枠を越えていろいろな友達と遊んだり生活を共にすることで、異年齢の育ちをうながします。さらにそこでの交流が、次の日の年齢別クラスでの遊びにつながっていきます。ただ単に「異年齢の子どもたちを一緒に保育している」ではなく、そこで繰り広げられる異年齢の交流の様子、そしてそれをうながすための保育の工夫、保育者の配慮などに注目して記録を取り、考察を深めましょう。

Column

学び続ける保育者をめざして
──保育記録のはじまりは実習日誌

　保育者には「経験の積み重ねによって、意識しなくても行動できる能力」と、「つねに頭を働かせておく能力」が必要であると言われます。前者は日常の保育で毎日行われる活動などで、あまり考えなくても繰り返している行為のことです。

　実習では、初めてのことばかりで緊張しているので、つねに頭を働かせている状態と言えるかもしれません。それが保育の現場に就職して毎日保育をするようになると、いつの間にか日々繰り返されることは、あまり意識しなくても行動できるようになります。それは、自分の言動や援助が日常化し、保育者らしく安定的になるという意味ではよいことなのかもしれません。しかし一方で、保育をあまり考えなくなってしまうことにもつながります。

　この問題に対して、保育者が保育の記録をとることが、自分の保育を自覚的に振り返り考察することにつながるという考えがあります。記録とは、保育中の出来事（子ども同士のかかわり、保育者と子どものかかわり、物や場所とのかかわりなど）をメモしたり覚えておいたりし、保育終了後に文章（環境図を使うこともある）にしたもののことです。保育者が保育の記録をとるということは、自分がかかわっている保育の場面や子ども一人一人について覚えておく、つまり、意識のなかにしっかりつかまえておくことを意味しているというのです（小川、1988）。

　さらに、メモ記録をもとに記録を文章化することでもたらされることとして、以下のことが挙げられています。

①保育場面のイメージを忘れないように定着させる
②保育者の頭の中で保育が再現される
③自分の保育を頭の中で再構成し、保育を見直す手段となる

　記録をとり保育を振り返り考える行為が日常的になることで、普段の言動や援助が自覚的になり、保育中にも反映されやすくなるのです。その結果、子どもや遊びを見る目が育ち、日常の保育のなかで保育者が瞬時に判断し対応していることについても適切な援助に近づき、保育の質の向上につながるということになります。

　その第一歩が実習日誌です。まずは実習を通して物や人、場などの環境との関係のなかで遊びや子どもをしっかりと捉え、文章にする力を養う必要があります。そして、保育者となったときには、記録をとり自分の保育を振り返り考えることのできる保育者をめざすことが望まれます。

Part 3

子ども理解を深める指導計画

指導計画の出発点は、子どもの実態と
それを取り巻く状況を捉えた子ども理解です。
子どもの実態に即した指導計画を作成するには、
子ども理解を深めることが必要です。
ここではそれを踏まえた指導計画作成の手順を解説します。

保育のあり方と指導計画

　乳幼児期における保育は、**環境**を通して行うことを基本としています。なぜなら、乳幼児期は子どもの主体性・自発性を大切にした活動、つまり**遊び**を重視しているからです。保育者は自らの思い（ねらいや目標）を環境に込め、その環境に子どもが主体的にかかわることにより、保育者の思い（ねらいや目標）が子どもに伝わっていきます。

　順序としては、まず保育者が子どもの実態を捉えて子どもを理解し、次に子どもの興味や関心に応じた、子どもがかかわりたくなる環境、遊びたくなる環境を用意します。その際、子どもの育ちの様子などを教育課程や全体的な計画で確認し、**その時期に必要な体験**を得られるように考えることが大切です。

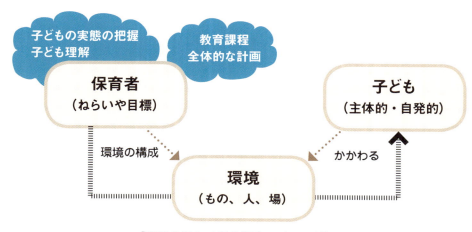

《環境を通して行う保育のイメージ》

　同時に、用意した環境に子どもがどうかかわるかを予測し、子どもの自発性や主体性を保障しつつも必要な体験が得られるように援助を考えていかなければなりません。それが指導計画です。環境を通して行うことを基本とする保育において、指導計画は**子どもの実態を捉えること**、つまり**子ども理解**から始まるのです。

指導計画はなぜ必要か

　さて、みなさんは「子どもが思いのままにやりたいことをするのだから、計画などできないのではないか？」という疑問がわいてきたのではありませんか。

　たしかに乳幼児期の保育は、子どもが自主的・主体的に生活することを基本にしています。ですが、それは**その時期にふさわしい生活**でなければなりません。子ども一人一人がその時期にふさわしい経験を積み重ね、豊かに生活を展開してこそ保育の意味があるからです。

　子どもにとっては興味や関心に基づいてやりたいことをしているという自由感にあふれて

いますが、その陰で、その時期にふさわしい生活が展開されるように保育者が計画し、育ちを支えていく必要があるというわけです。

指導計画作成の手順

指導計画の作成とは、実習中に捉えた**子どもの実態**や**子どもへの理解**、**環境構成**や**援助**への考え方などを言葉にすることです。それは、自分が捉えたことや保育についての思いを表現し、確認する絶好のチャンスです。

では、実態の把握（子ども理解）を土台に、保育を考えていきましょう。

❶ 実態の把握
実習日誌をまとめながら情報収集

- 一日の生活の流れ（デイリープログラム）を把握する
- 保育者の援助の様子から、教育・保育方針や保育の方法を理解する
- 子どもの育ちを捉える
- 遊びの様子、興味・関心、やりたいことなどを把握する

❷ ねらい及び内容の設定
人数、時間、場所などを考慮した活動の選択

- 実態をもとに、経験してほしいことを考える
- 教育課程や全体的な計画、長期の指導計画のねらいや内容、季節や行事を考慮し、遊びの発展や活動内容を考える
- 実態を考慮したうえで、遊びの展開やみんな一緒の活動を考える

❸ 環境構成、子どもの活動、援助など
シミュレーション

- 自分で実際に動いたり作ったりしてみて、活動の流れや材料、道具、環境設定、援助のポイントなどを考える
- 活動の大筋を決め、担当の保育者に相談する
- 指導計画の各項目に必要なことを書き込む
- 保育をシミュレーションし、指導計画を修正する

❹ 実際の保育
臨機応変な対応

- 事前に担当の保育者に指導計画を提出する
- 環境の構成、準備物などを確認する
- 子どもの姿を確認しながら、環境を再構成したり援助をしたりする

❺ 振り返り（評価）
次の保育へ

- 捉えた子どもの育ちがどうだったかを見直す
- 環境の構成や援助がどうだったかを見直す
- 実習日誌にまとめる
- 次の指導計画作成につなげる

手順1・2 「実態の把握」から「ねらい及び内容の設定」へ

実態の把握（子どもの姿）	ねらい及び内容
子どもの生活の様子、遊びや活動の様子を具体的に書く	ねらい……心情・意欲・態度 内容……ねらいを達成するための経験 　　　　（保育者にとっては指導する内容）

＜例＞

・登園すると友達を見つけて声をかけ、一緒に遊びを見つけて遊び始める姿が見られる。 ・空き箱や身近な材料を組み合わせて乗り物に見立てたり、お面や衣装を身につけたりして遊んでいる。	○気の合う友達とかかわりながら、好きな遊びを楽しむ。 □自分で作ったものを何かに見立てて動かしたり、友達に話したりする。 □友達とイメージを合わせて遊ぶ。
・かけっこや鬼遊びなどに参加し、思いきり体を動かして遊ぶ姿が見られる。 ・いすとりゲームなど、簡単なルールのある遊びに参加し楽しんでいる。	○友達と一緒にルールのある遊びに参加しようとする。 □ルールの説明をよく聞き理解する。 □ゲームのおもしろさがわかる。
・「ドングリを拾ってきたよ」と友達に見せたり、おもしろい形の実を「何の実だろう」と図鑑で調べたりしている。 ・虫を探しては「○○かな」と名前を調べて、みんなで観察している	○秋の自然に触れ、興味や関心をもつ。 □牛乳パックで作ったバッグや虫かごを持って、散歩に出かける。 □見つけたものをみんなで見せ合ったり、調べ合ったりする。

手順3 「環境構成」「子どもの活動」「援助」

　「ねらい及び内容」を設定したら、子どもが主体的に環境にかかわる姿や活動に取り組む姿を具体的にイメージし、環境の構成や援助を考えていきます。

好きな遊び

　保育室や園庭など保育の空間全体で、いくつかの遊びが**同時に進行**していることを意識することが必要です。前の日の遊びの様子を把握したうえで、一つ一つの遊びの様子を捉え、それらがどのように展開していくかを予想します。そして、その環境構成や援助を考え、書いていきます。

みんな一緒の活動（主活動、課題活動）

　活動を選択した意図や理由を「最近の子どもの姿」や「ねらい及び内容」から読み取ることができるようにします。何の関連もなく突然出てきた活動ではなく、**子どもの実態とつながっている**ことが大切です。

　活動を決めたら、流れや場所、準備物を考えていきます。その際、活動に応じて自分で動いたり作ったりしてみて、やり方や素材、題材、時間などを検討する**教材研究**は、とても大

事です。これまで様々な授業のなかで学んだことを参考にして取り組みましょう。

　毎日繰り返される生活習慣や集まりなども、実態や環境構成の意味を捉えたうえで、どのような援助が必要か考えていきます。3歳未満児は養護の場面が多いですが、育ちに応じて自立に向かっていくための援助を考えなければなりません。

　指導計画を書くということは、**頭の中で保育をしてみる**ことです。子どもたちの様々な姿をできるだけ具体的に予想し、**シミュレーション**を繰り返し、修正しながら整えていきましょう。

＜例＞

ねらい及び内容
○気の合う友達とかかわりながら、好きな遊びを楽しむ。
　□自分で作ったものを何かに見立てて、動かしたり、友達に話したりする。
　□友達とイメージを合わせて遊ぶ。

→

環境構成
・空き箱などの素材を使いやすいように分類しておく。
予想される子どもの活動
・作ったものを何かに見立てて、動かして遊ぶ。
援助
・「これはトラックだよ」「こっちはバス」などと見立ててごっこ遊びをする姿が見られるので、共感したり、まわりの友達に伝えたりして、乗り物を動かす場所を作るようにする。

手順4　実際の保育

　保育は偶然性に満ちています。計画したとおりに展開するとはかぎりません。状況が変われば子どもの姿も変わります。子どもの気持ち、天気や気温、社会的な事象など様々な状況が、その日の保育を左右します。予想外のことが起こったり、描いていた子どもの姿と違う反応や展開になったりすることもあります。その都度、状況を捉えて**臨機応変に環境を構成し直したり、援助を修正したり**する必要があります。

手順5　振り返り（評価）

　保育後には、保育を振り返り評価します。あらかじめ書いておいた評価の観点に従って考えていきます。評価の観点は、子どもの取り組みの状況、興味・関心や育ちの観点（**子どもの側の評価**）と、保育者の援助や環境の準備の観点（**保育者の側の評価**）の両面からの観点が必要です。

　子どもが遊びや活動にどう取り組んでいたか、そこでどんな経験をしていたか、子どもの育ちとして捉えていたことやねらい及び内容の設定は適切であったか、環境の構成や援助は適切であったかを振り返るのです。計画どおりにいかなかったときには、その理由を探ることも必要です。

　そして、その評価を十分に参考にして次の指導計画を作成します。この計画（Plan）⇒実践（Do）⇒評価（Check）⇒改善（Action）という**PDCAサイクル**が、指導計画を作成するときの基本であり、よりよい保育を追求していくためにはとても大切です。指導計画は、つねに継続的な改善を意識して作成することが求められます。

指導計画チェック表

項目	チェック内容	表現例・ポイント
最近の子どもの姿	☐ 語尾が子どもの姿を表す表現になっている ☐ 何に興味・関心をもっているか、何を楽しんでいるかが書いてある ☐ 具体的な姿（遊びや生活の様子）を捉えている ☐ 子どもの気持ちややりたいことを捉えている ☐ 肯定的な言葉で書いてある ☐ 「ねらい及び内容」につながることが書いてある	〜に興味をもっている。 〜を楽しんでいる。 〜する姿が見られる。 〜している。 〜の様子が見られる。 〜ができるようになってきた。 〜ようにしたいと言う。 〜などの要求が聞かれる。
ねらい	☐ 「最近の子どもの姿」との関連がある ☐ 「〜する姿が見られたから○○という願いをもち、このねらいを設定した」と説明できる ☐ 心情・意欲・態度を示す表現になっている 　　心情＝心のなかで感じていること 　　意欲＝物事を成し遂げようとする積極的な気持ち 　　態度＝心の動きが表情や身振りなどに現れ出たもの	〈心情〉 〜の充実感を味わう。 〜する楽しさを味わう。 〈意欲〉 〜しようとする。 〜に関心をもつ。 〈態度〉 喜んで〜する。 積極的に〜しようとする。
内容	☐ ねらいを達成するために活動を通して経験してほしいこと（保育者にとっては指導すること）を示す表現になっている ☐ 活動名だけではない（ただ単に「しっぽ取りをする」だけではなく、そのなかで何を経験しているかを書く。「簡単なゲームを通して約束を守って遊ぶことの楽しさを知る」など） ☐ 子どもが興味・関心をもっている遊びや活動が基盤となっている	〜を使って〜して遊ぶ。 〜して体を動かす。 みんなで〜に取り組む。 〜をして〜に気づく。 〜して〜の気持ちをもつ。 工夫して〜を作る。 ルールを理解して〜に参加する。 〜に親しみをもつ。 〜を表現する。 〜で〜を作る。
予想される子どもの活動	☐ 一日の流れがわかるように書いてある ☐ 子どもが主語になっている（ただし、実際には「子どもが」とは書かない） ☐ 年齢や育ちに合った流れになっている ☐ ねらい及び内容を踏まえた遊びや活動になっている ☐ 前日までの遊びや活動が反映されている（つながりがある） ☐ みんな一緒の活動（主活動）の時間配分が内容に合っている ☐ 戸外で行う活動の場合、雨天時の計画が示されている	〜をする。 〜で遊ぶ。 〜ごっこをする。 みんなで一緒に〜する。 〜の準備をする。

文例

- 登園すると身支度を済ませ、自分の好きな遊びを見つけて遊び始める姿が見られる。
- 一人一人が自分のしたいことに意欲的に取り組み、遊びに熱中する姿が見られる。
- 数日前から始まった○○ごっこでは、友達と同じお面やマントをつけて、友達と同じことをして遊ぶことを楽しんでいる。また、何かほしいものがあると保育者に言いにくる様子が見られる。
- かけっこや鬼遊びなどに誘うと、喜んで参加する姿が見られる。
- 木の実や落ち葉などに関心をもち、それらを集めて遊びに使う姿が見られる。
- 霜柱や氷を見つけて踏んでみたり手に持って見せ合ったりして、冬の自然に触れて楽しんでいる。
- 友達同士で誘い合い、縄跳びやサッカーをして楽しんでいる。
- ごっこ遊びのなかで、役を決めてなりきって楽しむ姿が見られる。
- こま回しやたこあげに挑戦し、友達同士で教え合いながら遊ぶ姿が見られる。
- ドッジボールでは、自分たちでチーム分けをして遊び始める姿が見られる。
- いすとりゲームや鬼遊びなど簡単なルールのあるゲームをみんなで楽しむ姿が見られる。
- 片づけのときには、ものをしまう場所がよくわかっており、「あと1つ足りないよ」「これはここにしまうんだよ」と言いながら積極的に取り組んでいる。
- ほとんどの子どもが給食の準備の仕方を理解し、スムーズにできるようになってきた。

○=ねらい　●=内容

○様々な遊びに関心をもち、友達と一緒に遊ぶ楽しさを味わう。
　●ごっこ遊びで友達とのやり取りを楽しむ。
　●同じものを身につけたり、同じように動いたりして遊ぶ。
○友達と一緒にルールのある遊びを楽しむ。
　●喜んでしっぽとりのゲームに参加する。
　●ルールを理解し、守って遊ぼうとする。
○遊びのなかで考えたり、工夫したりする。
　●自分なりに工夫して描いたり作ったりする。
　●いろいろな材料のなかから自分で選んだものを使う。
○冬の自然に触れ、興味や関心をもつ。
　●身近な冬の自然現象に目を向け、変化に気づく。
　●身近な自然に触れ、季節の移り変わりに興味や関心をもつ。

○寒さに負けず、戸外で元気に体を動かして遊ぼうとする。
　●ルールのある遊びや思いきり体を動かす遊びに参加し、集団遊びを楽しむ。
　●遊んだ後の汗の始末、手洗い、うがいなどの習慣を身につける。
○体を動かす心地よさを味わう。
　●少し難しいこと（縄跳びや一輪車）に進んで取り組む。
　●大勢でタイミングを合わせて大縄を跳ぶことを楽しむ。
○共通の目的に向かって互いに力を発揮し、やり遂げる満足感を味わう。
　●自分の考えをみんなに伝える。
　●友達の工夫に気づき、認める。
○身のまわりのことを自分でしようとしたり、できたことを喜んだりする。
　●自分で遊んだものを自分で片づける。
　●きれいになった心地よさを感じる。

○登園する
　・保育者や友達に挨拶する。
　・シール帳にシールを貼る。
　・身のまわりの始末をする。
○好きな遊びをする。
　・ヒーローごっこをする。
　・パン屋さんごっこをする。
　・空き箱をつなげて乗り物に見立てて遊ぶ。
○片づける。
　・自分で遊んだ場所の片づけをする。
　・いろいろなものを元の場所にしまったり、ごみを拾ったりする。

○みんな一緒の活動をする。
　・トイレに行き、うがい・手洗いをする。
　・手遊び「1丁目のドラネコ」をする。
　・保育者の話を聞く。
　・「しっぽとり」のゲームをする。

※子どもの名前を入れて、行動や遊びの予想を書くこともあります

※文例はあくまでも参考例ですので、子どもの実態や育ち、遊びの様子、季節などに応じて考えてください。（以下同）

項目	チェック内容	表現例・ポイント
時間	☐ 「予想される子どもの活動」に対応して時間が書いてある ☐ 育ちに応じた時間配分ができている（片づけや食事に要する時間など） ☐ ゆとりをもって計画している ☐ 時間に余裕ができたときの計画を考えてある（手遊びや絵本など）	●一日の流れ（デイリープログラムなど）を把握しておく ●育ちに応じた手遊びを考えたり、いつでも読めるように絵本を準備しておく
環境構成	☐ 場面に応じた環境構成（環境図）が示してある（登園時、好きな遊び、みんな一緒の活動、昼食、午睡、おやつ、帰りの会など） ☐ 「何のために」「何を」「どこに」「どのように構成するか」がわかりやすく示してある ☐ 定規を使ってきれいに図が書いてある ☐ 廊下や出入り口を示し、方向がわかるように書いてある ☐ 環境構成を表す表現になっている ☐ 使用するものがすべて書いてある（個数なども） ☐ 配布するときや片づけの配慮が書いてある ☐ 製作などの場合、完成のイメージがわかるように示してある	●環境が変化するときは環境図を示す ●環境図の下に準備するものを具体的に書く。 〜を設定しておく。 〜を準備しておく。 〜を置いておく。 〜しておく。
保育者（実習生）の援助	☐ 主語が保育者になっている（ただし、実際には「保育者が」とは書かない） ☐ ねらいや内容に関連した援助が書いてある ☐ 援助を示す文章表現になっている（保育者の行動のみを書くのではない） ☐ 援助の意図がわかるように書いてある（何のために、なぜ） ☐ 子どもの姿をもとにした、育ちにあった援助である ☐ 活動への導入がわかるように書いてある（子どもたちが興味をもち、やりたいと思えるように）	〜などと声をかける。 〜の姿を認める。 〜してモデルになる。 〜を提案する。 〜を知らせる。 〜を伝える。 〜と助言する。 〜ように配慮する。 〜を把握しておく。 〜するように援助する。 〜を見守る。 気づけるようにする。 用意（準備）しておく。 認める。 励ます。
評価の観点	☐ 子ども側の観点（取り組みの様子、興味・関心など）と保育者側の観点（援助、環境構成、言葉がけなど）の両方が書いてある ☐ ねらい、内容と関連している	【子ども側】 〜していたか。 〜を楽しんでいたか。 【保育者側】 〜ができたか。 〜だったか。 〜は適切だったか。

文例

- 歌を歌ったり、絵本を読んだりするときには、かならず何分かかるのか計っておく。
- みんな一緒の活動を行う場合は、自分で作ったり動いたりしてみて所要時間を予測する。

- 子どもたちが登園する前に、保育室や園庭の安全を確認しておく。
- 園庭で捕まえた生き物を観察したり調べたりできるように、飼育ケースや図鑑を用意しておく。【春】
- 日差しが強いときには、タープを張るなどして日陰で遊べるようにしておく。【夏】
- 秋の自然に興味がもてるように、子どもが家庭からもってきた木の実や葉っぱなどを目にしやすい場所に置いておく。【秋】
- 保育室の窓を開け、空気の入れ換えをしておく。また、空気が乾燥しているので、濡れタオルを掛けておくようにする。【冬】

- 天気のよい日には、園庭で思いきり体を動かして遊べるように必要な道具を準備しておく。
- 子どもたちがイメージや考えを出しながら遊べるように、場所を確保したり、遊びに必要なものが作れる素材や道具、遊具を準備したりしておく。
- どんな材料があるかわかりやすく素材・大きさごとに分け、かごに入れておく。
- 子どもたちと一緒にドッジボールのコートを引くことができるように、ライン引きを用意しておく。
- それぞれの遊びに必要なものを準備しておく（セロハンテープ、ガムテープ、画用紙、フェルトペン、大きな紙など）。

- 一日を気持ちよくスタートできるよう、笑顔で子どもたちを迎えるようにする。
- 一人一人の様子を視診するとともに、朝のうちに出席状況を確認する。
- 好きな遊びが見つけられない子どもには、安心して遊べるように保育者が一緒に遊びながら、見守ったり、遊ぶきっかけをつくったりする。
- 子ども同士でヘビ鬼やドッジボールができるようになってきている。ルールを守らない子どもがいると、いざこざが起きるが、自分たちで解決しようとする姿を認めながら見守っていく。
- 進んで手洗いやうがいをしている子どもを認めたり、保育者も一緒に行いながら、風邪の予防の大切さに気づかせていく。
- 健康に過ごせるように、衣服の調節や手洗い、うがいの必要性を話し合い、自分から進んで行えるようにしていく。
- みんなで集まるときは、全員集まっているかを確認するとともに、全員から保育者が見えるように配慮する。
- なかなか集まらない子どもには、今から行うことやみんなが待っていることを知らせ、自分から行動できたときに認めるなどしていく。
- 製作をするときには、子どもから出た工夫やアイディアを見逃さずに丁寧に取り上げ、紹介して、ほかの子どもたちの刺激になるように心がける。
- 作ったものを飾ったり、製作途中の作品を置いたりできるような場所を準備しておく（布を敷く、名札をつけるなど）。
- 散歩に行く場所を下見しておき、道順や道の様子、植物や樹木などを確認し、安全に楽しく散歩ができるようにする。
- 片づけるものを具体的に知らせたり、がんばって片づけている子どもを認めたりして、保育者と一緒に片づけられるようにする。
- 明日への期待がもてるように、遊びで使ったものをコーナーごとの箱に入れておくなどして、配慮しながら片づける。

【子ども側】
- 一人一人が自分の目当てに向かって、運動遊びに挑戦していたか。また、自己発揮の喜びを味わっていたか。
- 生活の流れを意識し、次に何をするかがわかり自分からやろうとしていたか。
- 戸外で思い切り体を動かして遊ぶことを楽しんでいたか。
- 一人一人の子どもが絵本を見ることを楽しんでいたか。
- 音楽に合わせてリズムをとったり、ダンスをしたりすることを楽しんでいたか。

【保育者側】
- 保育者や友達と一緒に、簡単なルールのある遊びを楽しめるような雰囲気づくりや場の設定などができたか。
- 一人一人のしたい遊びを理解し、楽しめるような環境構成ができたか。
- 一人一人の体調に合わせて、健康に、快適に過ごせるような配慮ができたか。
- 子どもがスムーズに絵本に集中できるような導入ができたか。また、育ちに合った絵本の内容だったか。
- 音楽を楽しみながら体を動かすことができる環境を整えることができたか。

生活の流れに沿った援助チェック表

生活の流れ	チェック内容	文例
登園	☐ 気持ちよく一日がスタートできるような配慮がある ☐ 一日を始めるための環境構成 　持ち物の始末がしやすい 　提出物が出しやすい 　遊びの続きができる 　安全の確認 ☐ 出欠、健康状態の把握をする ☐ 不安定な子どもへの配慮（スキンシップなど）をする ☐ 家庭との連携を行う	・一人一人に挨拶をしながら、機嫌や様子を視診するとともに、出席状況を確認する。 ・一日を気持ちよくスタートできるように、笑顔で子どもたちを迎える。 ・子どもたち一人一人の名前を呼びかけながら挨拶をしたり、昨日の遊びの話などをしたりして、早く親しみがわくようにする。 ・保護者に家庭での様子や連絡事項を聞き、大切なことはメモを取って忘れないようにする。 ・子どもたちが通園途中で見つけてきた草花や木の実などを丁寧に受け取り、かごに入れるなどして飾る。 ・寒いなか登園してきたことを認め、「がんばって来たね」と体をさすったり、手を温めたりして迎える。 ・一人一人が十分に楽しめるよう遊びに合わせたコーナーを設けておき、材料や用具を取り出しやすいように準備しておくとともに、危険なものがないか確認しておく。
好きな遊び	☐ 前日の遊びの様子を踏まえた環境構成になっている ☐ 子どもの思いを大切にしている ☐ やりたいことが実現できるような援助がある ☐ 材料や用具などの準備がある ☐ 安全面への配慮がある ☐ ねらい及び内容を意識した配慮や援助がある	・ごっこ遊びでは、自分の経験から具体的なイメージを言葉にして保育者に伝えてくる。実現できるように相談に乗ったり教材を用意したりしていく。 ・遊びに必要な材料（紙類、空き箱、段ボールなど）を用意しておく。 ・遊びによっては、積み木や巧技台を組み合わせることが予想されるので、危険がないようによく見守るようにする。 ・作りたいものが作れず技術的に困っている場合には、自分でやったという満足感が味わえるような手助けや助言をする。 ・遊びながらイメージが広がり、やりたいと思ったことができるように様々な材料や用具を用意しておく。また、どのようなことをやってみたいのか話を聞いたり、ヒントになる絵本を提示したりする。 ・身近な自然に親しみをもってかかわっていけるようにする。 ・大縄跳びや短縄跳びなど、少しでも多く跳ぼうと繰り返し跳んでいるので、自分自身の目標を意識できるように支えていく。また、関心を示さない子どもには、一人ずつ回数を数えたり一緒に跳んだりして、縄跳びの楽しさが味わえるようにする。
片づけ	☐ 育ち（年齢）に応じた片づけの仕方になっている ☐ 片づけやすい環境になっている ☐ 明日につながる片づけになっている	・遊びたい気持ちを受け止めながらも、片づけに興味がもてるように言葉をかける。 ・片づけるものを具体的に知らせたり、がんばって片づけている子どもを認めたりして、保育者と一緒に最後まで片づけることができるようにする。 ・遊びの様子を把握しておき、使ったものを自分で片づけられるように声をかけていく。 ・なかなか片づけに取りかからない子どもには、進んで片づけをしている子どもを紹介したり、片づけ方を提示したりしながら意識づけをしていく。 ・明日への期待がもてるように、使ったものをコーナーごとの箱に入れておくなどして配慮する。

生活の流れ	チェック内容	文例
食事 おやつ	☐ 楽しく食べられるような配慮がある ☐ 育ちに応じて食事のマナーを意識している ☐ 衛生面の配慮がある ☐ アレルギーへの配慮がある ☐ 食育を意識している	・子どもの様子を見ながら、「おいしそうだね」「これは○○だよ」「きれいな色だね」などと声をかけ、食事に対する興味がもてるようにする。 ・「もぐもぐ」「ごっくん」などの声をかけ、子どもと一緒に口を動かしたり声をかけたりして、そしゃくすることを繰り返し伝える。 ・保育者と一緒にテーブルの用意や準備を喜んでしようとする姿が見られるので、少々時間がかかっても、台ぶきんを絞ったり、テーブルをふいたりすることも任せ、手伝いたい気持ちを大切にする。 ・楽しく食べることに重点を置きながら、食事の仕方やマナーなどを伝えていく。 ・アレルギーがある子どもに対しては、保育者同士で声をかけ、細心の注意を払うようにする。
睡眠	☐ 落ち着いて睡眠できるような配慮がある（室温、風通し、光） ☐ 安全への配慮がある ☐ 健康を確認している	・適度な室温、風通し、光などに調節し、落ち着いた環境をつくって、十分に睡眠がとれるようにする。 ・保育者は子どもが見える場所に位置し、うつぶせ寝にならないように注意する。 ・普段と違う様子が（呼吸、顔色、機嫌などに）見られるときには、体温を測るなどして健康状態を確認する。 ・ふとんの片づけは、できるだけ子どもたちでできるように環境を整える。
手遊び歌 絵本など	☐ 落ち着いて取り組めるような配慮がある ☐ みんなと同じことをする（気持ちを合わせる）楽しさが味わえるように配慮している	・子どもが興味をもち、落ち着いて過ごせるように、季節に合ったものや遊びのなかで出てきているものなどの紙芝居や絵本を選択する。 ・子どもたちからよく見える場所に紙芝居の舞台を置くようにする。 ・「大きなカブ」のカブを抜く動作の繰り返しのところでは、登場する人や動物に合わせてみんなで声をかけることを楽しめるようにする。 ・子どもから出た言葉にうなずいたり、「そうね」と認めたりしながら読み進める。 ・ゆっくり余韻が残るように読み、子どもたち全体を見回しながら本を閉じるようにする。
降園準備 帰りの会 降園	☐ 健康状況の確認（けがなどしていないか）をしている ☐ 今日の振り返りをし、情報を共有できるようにしている ☐ 明日への期待がもてるように配慮している ☐ 落ち着いた気持ちで帰れるように配慮している	・自分で降園準備をしようとする姿を大切にしながら、励ましたり手順を知らせたりする。 ・全員がそろうまで手遊びをして楽しく待てるようにする。また、まだ支度をしている子どもには、みんなが待っていることを知らせ、急いでするようにうながす。 ・楽しかった遊びを紹介しながら、明日の遊びの期待や意欲につながるようにしていく。 ・発見したことなどを伝える機会をつくり、まわりの様子への興味・関心が広がるようにする。 ・一日の活動を振り返り、子どもの思いに共感しながら明日も期待をもって登園できるようにする。 ・うれしかったことやよかったことを話したり、明日の予告をしたりして、明日の生活に期待をもって降園できるようにする。 ・保護者に子どもの遊びや友達とのかかわりの様子を伝え、けがなどがあった場合はかならず報告する。 ・一人一人と挨拶をしながら明日も楽しく登園できるように声をかける。

実習日誌 チェック表

項目	チェック内容	表現例・ポイント
実習の目標 自己課題（全体を通して）	☐ 保育実習か教育実習かを理解し、その内容に応じている ☐ 実習を有意義なものにするための目標となっている ☐ 自分に合った（自分で考えた）目標となっている ☐ 2回目以降の実習では、前回の反省を踏まえている	〜について〜を通して学ぶ。 〜を通して〜を理解する。 〜について〜を通して理解を深める。
年月日（曜日）、天気、クラス、出欠の人数 など	☐ 必要事項がもれなく書いてある ☐ 正しく書いてある（在籍人数、男女別人数、欠席児、欠席人数など）	●出席・欠席の人数は、保育中にかならず自分で確認しておく
本日の実習のねらい	☐ 実習段階に応じている 　見学・観察実習→何を観察したいか 　参加実習→子どもとどうかかわりたいか 　部分、責任実習→どのような活動を展開したいか ☐ 前日の振り返り（反省）を踏まえている ☐ 担当する年齢（発達）に応じている ☐ 全体を通しての実習の目標（自己課題）と関連している	●発達（育ち）の違い ●個人差 ●実習段階を意識 ●前日とのつながり 〜について観察する。 〜の違いを知る。 〜に積極的にかかわる。
時間	☐ 活動の展開の時間が記入してある ☐ とくに印象に残った場面の時間が記入してある	●一日の生活の流れの時間を把握しておく
子どもの活動	☐ 一日の流れがわかるように書いてある（わかりやすくする工夫） ☐ 具体的に書いてある（誰が、どこで、誰と、何を使って、どのように、何をしていた、など） ☐ 環境図を用いて活動がわかるように書いてある	●好きな遊びのときには環境図を入れ、どこで誰が何をして遊んでいたかがわかるように記入する ●個人名の書き方は園によって異なるので、確認する（アキコ、A子、A児など）
保育者の援助	☐ 担任保育者やチーム保育の担当保育者の援助が具体的に書いてある（いつ、どんな場面で、誰に対して、どのように、どんなことをした、など） ☐ なぜ、何のためにそうしたかなど、保育者の意図や思いを探っている ☐ 保育者の援助が子どもの遊び（行動）にどう影響したかを探っている	●環境構成 ●材料や用具の準備 ●子どもへのかかわり ●言葉がけ ●子どもの主体性・自主性の尊重 ●安心・安全についての配慮 ●衛生面の配慮 ●生活習慣面への配慮

文例
・実習園の教育・保育方針を知り、その方針に基づいた保育内容や方法について理解する。 ・園の施設・設備が子どもたちの園生活においてどのような意味をもっているかを考える。 ・子どもと共に生活することを通して、一日の生活の流れや内容について理解する。 ・一人一人の子どもについて詳しく観察し発達を理解するとともに、発達に応じた援助について学ぶ。 ・子どもの内面の理解を深め、気持ちを受け止めてかかわることについて学ぶ。 ・集団での活動の進め方やそのときの援助の実際や配慮について、実際の活動を通して学ぶ。 ・遊びの充実のための環境構成や教材の準備について、子どもの反応を観察することから考える。 ・保育前・保育中・保育終了後の環境構成を実際に体験し、環境構成や再構成の意味を理解する。 ・指導計画を立案し実践することを通して、育ちの捉えと指導計画の関係を理解する。 ・家庭との連携を密にするために、どのような工夫や配慮が行われているか、実践を通して学ぶ。
＊クラス名、何歳児か ＊在籍人数、男女別人数、欠席児（人数）を正確に記入する

・一日の生活の流れや生活の仕方、園の施設、設備について理解する。 ・子どもの名前を覚え、呼びかけながらかかわることができるようにする。 ・好きな遊びの環境構成や環境の再構成について観察を通して学ぶ。 ・一人一人の子どもと積極的にかかわる。 ・生活の様子から〇歳児の発達の特徴を学ぶ。	・探索活動の際の子どもの様子や保育者の援助について学ぶ。 ・好きな遊びのなかでの子どもの行動や言葉の意味を探り、理解する。 ・一人一人と丁寧に接し、興味・関心ややりたいことを探る。 ・遊びに応じた援助や言葉がけについて学ぶ。 ・保育者の援助や環境構成の意図や思いを理解する。 ・指導計画に基づき保育を行い、保育終了後に振り返る。
【メモの取り方】 ＊ボールペン、シャープペンシルなどで子どもがけがをしないように持ち方や置き場所を考える。	＊できるだけ短時間でメモができるように、あらかじめわかっている流れは書いておき、そこに付け加えるような工夫をする。メモしているときもまわりの状況に気を配る。
〇登園する。 ・元気に友達や保育者に挨拶をする。〇〇は母親から離れられず泣いている。 ・持ち物の始末の仕方がわかり、自分で行おうとしている。 〇好きな遊びをする。 ・登園した子どもから、昨日作ったお面をかぶりヒーローごっこの場に集まってくる。 ・電車や車のおもちゃ、ブロックなどを使って思い思いに遊	んだり、音楽に合わせて体を動かしたりする。 〇食事の用意をする。 ・排泄や手洗いを済ませて、食事の用意をする。 ・ふきんで机をふく子どもがいる。〇〇が「ぼくがやるんだよ」と言ってふきんを取ろうとする。 〇睡眠をとる。 ・トイレに行き着替えをする。〇〇は自分で着替えをしようとがんばっている。
・一人一人と挨拶をし、安心できるような楽しい雰囲気をつくり保育室に迎え入れる。 ・「ヒーローごっこ楽しかったね。また続きをしようね」などと話しながら、昨日の遊びの続きが始まるような雰囲気をつくる。 ・「ここを道にしようか」「ここはガソリンスタンドかな」などと子ども一人一人とかかわりながら、全体の様子を把握している。 ・「あら、〇〇ちゃんもお手伝いしてくれるのかな」と言って	台ぶきんを渡し、机ふきをやりたい子どもができるようにする。 ・カーテンを閉めて落ち着いた雰囲気をつくり、安心して眠ることができるようにする。 ・着替えでは、スナップボタンを自分で留め外しできる子ども、ズボンを座ってはこうとする子どもなどに応じて援助している。できた子どもには「やったね」「かっこよくできたね」などと声をかけ、達成感がもてるようにしている。

項目	チェック内容	表現例・ポイント
実習生の動き・気づき	☐ 実習生の行動がわかるように具体的に書いてある（いつ、どこで、誰に対して、どんなことをしたのか） ☐ どのような思いや考えで子どもにかかわったかが書いてある ☐ 自分のかかわりに対しての子どもの反応が書いてある ☐ 子どもの言動を捉え、その意味を考察している ☐ 保育者の援助を観察して気づいたことが書いてある（保育者の意図や思い） ☐ 保育室や園庭の環境の意味を探り、考察している ☐ 遊びや活動時の環境構成や準備について考察している	● 子どもの行動をどう捉えたか ● それに対して自分はどう考え、何をしたか ● 驚いたこと、とまどったこと、どうしてよいかわからなかったことなども ● 保育者の援助に対する発見や気づき ● 環境構成の意図や意味
振り返り 反省 感想 気づいたこと	☐ 「本日の実習のねらい」に対応している ☐ 観察してわかったことが、具体的な出来事や状況をあげて書いてある ☐ 何を感じたか、何を学んだか、何を理解したかなどの感想や考察が書いてある ☐ 保育者の援助、環境構成、子どもの姿から読み取ったことや意図や意味を探っている ☐ 「楽しかった」「うれしかった」で終わらせていない ☐ 自分の行動を振り返り、反省している 　　観察段階→観察の仕方や態度 　　参加実習→子どもへのかかわり方 　　部分・一日実習→活動の進め方など ☐ 授業で学んだこととの関連が書いてある ☐ 今後どうしたいか、翌日につながることが書いてある ☐ 指導計画に対しての振り返りが書いてある 　　子どもの実態の捉え 　　ねらい及び内容の設定 　　活動の内容や時間、手順 　　評価の観点 ☐ 評価の観点に対する反省が書いてある	本日のねらいを意識して観察したところ、次のような場面（様子）に気がついた。 〜という保育者の援助には〜という意味があったのではないかと感じた。 〜の環境には、保育者の〜という意図が込められているのではないかと思った。 〜という子どもの姿から〜ではないかと考えた。 〜に注目して観察したが、〜 〜という目標をもってかかわったが、〜 〜という思いで、活動を進めたが、〜 明日からは〜に注意して観察してみようと思う。

文例

- 子ども一人一人と挨拶を交わしながら、登園の様子や朝の身支度の様子を見守る。すっかり園生活に慣れた様子で、保育者から言われなくても自分から行っている姿が見られた。
- 昨日の遊びの続きをするために積み木を並べたり、お店の台を運んだりと子どもたちで遊びの環境を構成している姿に驚いた。「〇〇をして遊ぼう」と楽しみにしていることがわかった。
- アイス屋さんのそばにいた子どもたちが、「仲間に入れてくれない」と困った様子だった。子ども同士で「どうして入れてくれないの？」「帽子を作ったら入れてくれる？」などと話し始めたので、そこにはかかわらず見守るようにしたが、それでよかったのかどうか迷ってしまった。
- 片づけでは、2歳児でもわかりやすいようにかごに写真が表示してあった。「この自動車はどこかな？」などと言うと、うれしそうにかごに入れて満足げな表情を見て、このようなことが主体的な行動をうながす環境の工夫なのだと思った。
- 朝の会のときに、一人一人名前を呼んで返事をする場面があった。欠席の子どもに対して保育者が「〇〇ちゃんはお熱が出たんだって。早くよくなるといいね。昨日のパン屋さんごっこの続きやりたいってお家で言っているかな」などと話していた。欠席の子どもを話題にすることで、一人一人を大切に思っている気持ちが伝わるのではないかと思った。
- お姫様ごっこに入った子どもが「ドレスを作りたい」と言ってきたが、どのように作ればよいかわからずとまどった。「どんなドレスがいいの？」と聞いたら、「リボンがたくさんついているのがいいの」と言うので、一緒に折り紙でリボンを作りピンクのポリ袋に貼った。このように子どもと話をすることで子どものやりたいことがわかるし、子ども自身もイメージがはっきりしくるのではないかと思った。

- 3歳児のかかわりや援助の仕方にとまどいながらも、子ども一人一人の育ちや個性を感じることができた。子どもの様子を見守り、必要なところで援助したり声をかけたりすることを意識しすぎて、消極的になってしまう場面があった。先生方の子どもとのかかわりや声かけを観察して学び、積極的に触れ合っていきたい。
- 実習3日目となり、それぞれの子どもの特徴を少しずつ把握することができ、自分自身もかかわりを楽しみながら保育に参加することができた。好きな遊びでは、ケーキ屋さんごっこをして様々な言葉を使って遊ぶ姿や、自分で思い描いたものを実際に形にして遊ぶ姿を観察し学ぶことができた。子どもは遊びを通して友達との関係を育み、そのなかで様々な知識を身につけながら成長していくということがわかった。さらに、一人一人の育ちを捉え、その子どもに応じた援助や声かけができるようにしていきたい。
- 今日は「子どもと一緒に遊ぶなかで、友達同士のかかわりを観察する」というねらいをもって一日過ごした。輪投げで遊ぶ子どもたちは、ペットボトルのピンにペンギンを描いたり、どこから投げるかなどのルールを考えたりと友達と遊びをつくっていく楽しさを共有していた。実際に遊びのなかに入って遊ぶことで、子どもの思いやかかわりの様子を知ることができた。
- 本日行われた避難訓練では、保育者が子どもの安全に十分に注意して様子を見守り、避難口を確保したり冷静な声かけをしたりしていた。子どもにも緊張感が伝わり、約束を守って行動することができていた。今回の避難訓練を通して、緊急時の行動や配慮について勉強になった。地震、火事、不審者など、それぞれの状況に合った対応を判断し、子どもを安全に避難誘導できるようにしなければならないと思った。
- 子どもが戸外で元気に体を動かしたり、様々な植物や虫に関心をもって観察したりしている姿や、室内で様々なごっこ遊びをしている姿を見て、幼児期に必要な環境について改めて考えさせられた。保育者は子どもの思いをくみ取り、子どもが安定した生活を送ることができるように日々の環境を構成している。保育者の子どもに対する細やかな配慮をしっかりと学んでいきたい。
- ドッジボールをしていた子どもたちが、チーム分けへの不満からけんかを始めた。どうしていいかとまどったが「どうしたの？」「どうすればいいかな」などと声をかけてみた。様々な意見が出てきて、自分たちで何とか解決しようとする様子が見られた。私はけんかというと、すぐにどうにかしなければならないと仲裁することばかりを考えていたが、子どもたちで解決できるよう援助することや、けんかを学びの場としてとらえることも必要であると感じた。
- 昨日が「広く浅いかかわりになってしまった」という反省から、今日はできるだけ一つの遊びに深くかかわることができるようにしたいと保育に臨んだ。車作りで、子どもが考えている理想の車に近づけるよう、一緒に試行錯誤しながら考えて作った。それをまわりの子どもに紹介したことで車作りに興味をもって加わる子どもがいた。一つの遊びにかかわったことで、子どもの思いを感じ共感しながらかかわることができた。今日は先生のご配慮で一つの遊びにかかわることができたが、実際にはそうはいかない。全体を見ながら個々の遊びへの援助を考えていけるようになりたいと思った。

全体を通してのチェック表

チェック内容	ポイント
☐ 誤字脱字がない	●不安な漢字や言い回しはかならず調べる ●次ページを参照する
☐ 話し言葉をそのまま書いていない	〈悪い例〉　　　　　　　　〈良い例〉 いろんな　　　　　　　　いろいろな あんまり　　　　　　　　あまり 〜しちゃったら　　　　　〜したら しなきゃいけない　　　　〜しなければならない 〜じゃなく　　　　　　　〜ではなく ぐじゃぐじゃにして　　　紙を丸めてなど、その状態に応じて いまいちだった　　　　　物足りなかった 違くて　　　　　　　　　違っていて ちゃんと　　　　　　　　きちんと 自分的には　　　　　　　私が考えたところ フォローする　　　　　　支える リアクションがなかった　反応がなかった ワンパターンの反応　　　いつもと同じ反応
☐ ら抜き言葉を使っていない	〈悪い例〉　　〈良い例〉 食べれる　　　食べられる 出れる　　　　出られる 見れる　　　　見られる
☐ 子どもたちが主体的に遊んだり取り組んだりする表現になっている	〈悪い例〉　　　　　　〈良い例〉 子どもに〜してあげる　自分でできるように〜する 子どもに〜してもらう　子どもが〜する、〜できるようにする 子どもが〜してくれる　子どもが〜する 子どもに〜させる　　　子どもが〜できるようにする
☐ 時間、環境、予想される子どもの活動、保育者の援助の1行目をそろえて書いている ☐ 読みやすくきれいな文字を心がけて書いている	●まっすぐに書けるように工夫する ●癖のある文字にならないように心がける

実習日誌や指導計画でよく使う言葉

あ	挨拶、あいさつ アイディア 遊び 温かい（心、食べ物）【冷の対語】 暖かい（室内、日）【寒の対語】 在り方
い	以上児【3歳児以上】 いす、椅子 一緒に いろいろな
う	促す、うながす 嬉しい、うれしい
え	衛生的 援助する 園庭
お	お互い 鬼遊び 思いどおりに
か	かかわる、関わる （絵を）描く （字を）書く 楽譜 かご 体 玩具 感心する 関心をもつ
き	危険 機嫌 気付く、気づく 気持ち 疑問 緊急 緊張 勤務
こ	降園する 巧技台 声かけ 声をかける 心掛ける、心がける 午睡 言葉がけ 子ども ごみ
さ	様々、さまざま 触る、さわる
し	敷く 視診 支度 指摘 出勤 授乳
し	準備 状況 徐々に
す	睡眠 少しずつ 捨てる 座る
せ	清潔 （作品の）製作 清掃 整理整頓 責任 積極的 接する 専門
そ	雑巾 掃除 そろう
た	たくさん 例えば、たとえば
ち	違っていて（×違くて） （衣服の）着脱 調乳
て	（人と）出会う （ものと）出合う 提供する 的確 適切 適当 できる 展開
と	登園する ドッジボール 〜とともに 友達 捉える、とらえる 取り入れる 取り組む 共に【一緒に】
な	縄跳び 縄を跳ぶ
に	乳児
の	（〜に）臨む
は	把握 排泄 配膳 配慮 はぐくむ、育む はさみ
は	初めて 初めに 始める 発展
ひ	ひととき 一人一人 避難訓練 拾う
ふ	拭く、ふく 膨らむ、ふくらむ 布団、ふとん 踏まえて、ふまえて 触れ合う
ほ	保育士【保育所】 保育教諭【認定こども園】 保育室 保育者 保護者 ほうき、箒 帽子 補給 掘る
ま	まね、真似 ままごと （身の、水）回り、まわり （口の）周り、まわり 周り、まわり（の人）
み	認める 未満児【3歳児未満】
む	迎え
め	目指す
も	沐浴 （関心を）もつ （物を）持つ 基づいて
ゆ	遊戯室 遊具 譲る
よ	よい／よさ 幼児 翌日 余裕 寄り添う
れ	連携 連絡
ろ	廊下
わ	分かる、わかる

＊植物や動物はカタカナ表記：イヌ ウサギ ヒヤシンス チューリップなど

引用・参考文献

久富陽子編著『指導計画の考え方・立て方』萌文書林、2009年

保育総合研究会監修『幼保連携型認定こども園　教育・保育要領サポートブック』世界文化社、2015年

星山麻木編著、板野和彦著『一人一人を大切にするユニバーサルデザインの音楽表現』萌文書林、2015年

岩﨑淳子・及川留美・粕谷亘正『教育・保育課程論──書いて学べる指導計画』萌文書林、2015年

河邉貴子『遊びを中心とした保育（改訂版）』萌文書林、2009年

北野幸子・角尾和子・荒木紫乃『遊び・生活・学びを培う教育保育の方法と技術』北大路書房、2009年

倉橋惣三『子どもの心とまなざしで』フレーベル館、1996年、p. 122

小川博久『遊び保育論』萌文書林、2010年

小川博久『保育実践に学ぶ』健帛社、1988年、p. 257

小川博久監修、吉田龍宏・渡辺桜編著『遊び保育のための実践ワーク』萌文書林、2014年

汐見稔幸監修、中山昌樹『認定こども園がわかる本』風鳴舎、2015年

相馬和子・中田カヨ子『実習日誌の書き方』萌文書林、2004年

おわりに

　本書の発想の原点は、私が大学のときに受けた授業にあります。保育のビデオを見て観察記録をとったり、実際に保育を観察してその保育の指導計画を予想して書いたりするという、小川博久先生による授業です。もう何十年も昔のことですが、その授業のことを鮮明に覚えいるのは、子どもの内面を探ったり、保育者の思いを読み解くことにおもしろさを感じたからだと思います。

　本書で学んだ方が、同じように保育への関心を深め、実習日誌や指導計画作成に積極的に取り組めることを願っています。

　最後になりましたが、萌文書林の福西志保さんには、辛抱強くまた温かくご尽力いただきましたことに心より感謝いたします。

著者略歴

神永直美（かみなが・なおみ）

敬愛短期大学特任教授

東京学芸大学教育学部幼稚園教員養成課程卒業後、アルジェ日本人学校、茨城大学教育学部附属幼稚園に勤務。東京学芸大学大学院学校教育学専攻幼児教育学講座修了（教育学修士）後、再び茨城大学教育学部附属幼稚園、茨城女子短期大学（保育科長）、茨城大学教育学部（教授）、同附属幼稚園（園長・兼任）を経て、現職。

◆主な著書
『保育者のための「生活」』（共著、大学図書出版）
『現代保育者入門――保育者をめざす人たちへ――』（共著、大学図書出版）
『保育学の展望』（共著、文化書房博文社）
『保育イエローカード100』（共著、学文社）

ブックデザイン／真野恵子
イラスト／しまこ

写真撮影・提供協力
永井浩行（永井写真事務所）
茨城女子短期大学非常勤講師　綿引喜恵子
永山学園 勝田第一幼稚園
水戸市立内原保育所・幼稚園
大成学園 認定こども園大成学園幼稚園

資料提供
永山学園 勝田第一幼稚園　阿部由香　矢口繭子（３・５歳児）
常磐短期大学准教授　木村由希（４歳児）
茨城女子短期大学非常勤講師　富田浩子（０・１・２歳児）
茨城女子短期大学非常勤講師　綿引喜恵子（３・５歳児）
大成学園 認定こども園大成学園幼稚園

**フォトランゲージで学ぶ
子どもの育ちと実習日誌・指導計画**

2016年4月27日　初版第1刷発行
2018年4月13日　第2版第1刷発行
2025年4月 1 日　第2版第5刷発行
著　者　神永直美
発行者　服部直人
発行所　株式会社萌文書林
　　　　〒113-0021　東京都文京区本駒込6-15-11
　　　　Tel.03-3943-0576　Fax.03-3943-0567
　　　　https://www.houbun.com/
　　　　info@houbun.com
印　刷　中央精版印刷株式会社

乱丁・落丁本はお取り替えいたします。
定価はカバーに表示してあります。

ⓒNaomi Kaminaga 2016, Printed in Japan
ISBN978-4-89347-239-7